FIRST IMPRESSIONS   PREMIERS REGARDS

First Impressions

European Views of the Natural History of Canada from the 16th to the 19th Century

VICTORIA DICKENSON

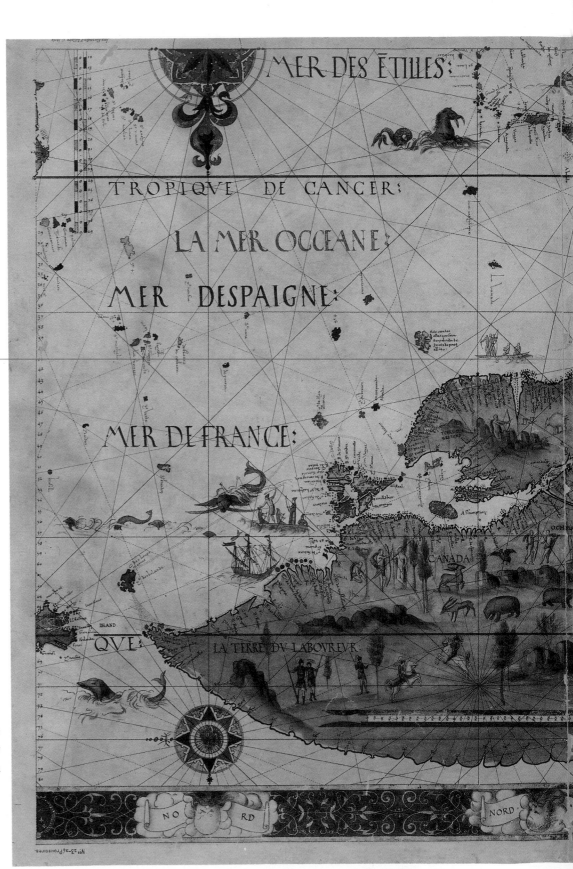

Agnes Etherington Art Centre
Queen's University
Kingston, Canada

Premiers regards

Impressions européennes de l'histoire naturelle au Canada du 16ᵉ au 19ᵉ siècle

VICTORIA DICKENSON

Agnes Etherington Art Centre
Université Queen's
Kingston, Canada

© Agnes Etherington Art Centre 1992

ISBN 0-88911-543-5

Graphic Design
Peter Dorn, RCA, FGDC

Typesetting
Queen's Graphic Design Unit
Queen's Imagesetting Services

Printing
Lowe-Martin Group, Runge Division

Translation
K2 Translations, Kingston
Micheline Sainte-Marie, Jacques Goulet & Guy Monette

Editor
Peter Smith, Brockville

The exhibition has been funded with a grant from the Museum
Assistance Programme of the Department of Communications, and
with the assistance of the Ontario Arts Council.

Photography
Agnes Etherington Arts Centre, #14, 33, 63
Biosystematics Library, Agriculture Canada, #5, 27e
Canadian Museum of Nature, #18a, 23, 24, 52c, 52d, 70a, 70c
Canadian Parks Service, #36
Hudson's Bay Company Archives, Provincial Archives of Manitoba,
    #42
McGill University, #26e, 29a, 30a, 30b, 75a
Metropolitan Toronto Reference Library, #71, 74a
National Archives Canada, #1, 6, 10, 12, 15, 25, 44, 46, 49, 54, 55,
    56, 58, 59, 65, 69, 77, 81
National Gallery of Canada, #50, 64
National Library of Canada, #3, 4a, 7a, 7b, 8a, 8b, 9a, 9b, 38, 31a,
    41c, 43, 47a, 47b, 51b
The Natural History Museum, London, #28a, 28c, 34a, 34b
New York Botanical Garden, Bronx, New York, #40
The New-York Historical Society, #21
Nova Scotia Museum, Halifax, #19, 79b
Thomas Fisher Rare Book Library, University of Toronto, #67a, 84c
Thomas Gilcrease Institute of American History and Art, Tulsa,
    Oklahoma, frontispiece to Section I

© Agnes Etherington Art Centre 1992

ISBN 0-88911-543-5

Conception graphique
Peter Dorn, ARAC, FGDC

Composition
Queen's Graphic Design Unit
Queen's Imagesetting Services

Impression
Lowe-Martin Group, Runge Division

Traduction
K2 Translations, Kingston
Micheline Sainte-Marie, Jacques Goulet & Guy Monette

Réviseur anglais
Peter Smith, Brockville

L'exposition a été réalisée grâce à une subvention du Programme
d'appui aux musées du ministère des Communications et au concours
du Conseil des arts de l'Ontario.

Photographie
Agnes Etherington Arts Centre, #14, 33, 63
Bibliothèque, Centre de recherches biosystématiques, Agriculture
    Canada, #5, 27e
Musée canadien de la nature, #18a, 23, 24, 52c, 52d, 70a, 70c
Service candien des parcs, #36
Archives de la Compagnie de la Baie d'Hudson, Archives provinciales
    du Manitoba, #42
Université McGill, #26e, 29a, 30a, 30b, 75a
Metropolitan Toronto Reference Library, #71, 74a
Archives nationales du Canada, #1, 6, 10, 12, 15, 25, 44, 46, 49, 54,
    55, 56, 58, 59, 65, 69, 77, 81
Musée des beaux-arts du Canada, #50, 64
Bibliothèque nationale du Canada, #3, 4a, 7a, 7b, 8a, 8b, 9a, 9b, 38,
    31a, 41c, 43, 47a, 47b, 51b
The Natural History Museum, Londres, #28a, 28c, 34a, 34b
New York Botanical Garden, Bronx, New York, #40
The New-York Historical Society, #21
Musée de la Nouvelle-Écosse, Halifax, #19, 79b
Bibliothèque des livres rares Thomas Fisher, Université de Toronto,
    #67a, 84c
Thomas Gilcrease Institute of American History and Art, Tulsa,
    Oklahoma, frontispice du premier volet

MOOSE DEER.

26d

Itinerary   *Itinéraire*

Agnes Etherington Art Centre, Kingston
20 September to 22 November 1992

Leonard & Bina Ellen Art Gallery, Montréal
14 January to 27 February 1993
(formerly Concordia Art Gallery)

Mendel Art Gallery, Saskatoon
7 May to 27 June 1993

National Library of Canada, Ottawa
20 July to 6 September 1993

Agnes Etherington Art Centre, Kingston
20 septembre – 22 novembre 1992

Galerie d'art Leonard & Bina Ellen, Montréal
14 janvier – 27 février 1993
(autrefois Galerie d'art Concordia)

Mendel Art Gallery, Saskatoon
7 mai – 27 juin 1993

Bibliothèque nationale du Canada, Ottawa
20 juillet – 6 septembre 1993

Lenders to the Exhibition

Agnes Etherington Art Centre
Queen's University, Kingston

Blacker-Wood Library of Biology
McGill University, Montréal

Canadian Museum of Nature, Ottawa

Canadian Parks Service, Ottawa

Douglas Library, Queen's University, Kingston

Jeff Harrison

Hudson's Bay Company Archives
Provincial Archives of Manitoba, Winnipeg

Library of The New York Botanical Garden,
Bronx, New York

Metropolitan Toronto Reference Library, Toronto

Ministry of External Affairs
Government of Spain, Madrid

National Archives of Canada, Ottawa

National Gallery of Canada, Ottawa

National Library of Canada, Ottawa

The Natural History Museum, London, England

New-York Historical Society, New York

Nova Scotia Legislative Library, Halifax

Nova Scotia Museum, Halifax

Osler Library of the History of Medicine
McGill University, Montréal

Plant Research Library, Agriculture Canada, Ottawa

Private Collections

Thomas Fisher Rare Book Library
University of Toronto, Toronto

Index des collections

Agnes Etherington Art Centre
Université Queen's, Kingston

Archives de la Compagnie de la Baie d'Hudson
Archives provinciales du Manitoba, Winnipeg

Archives nationales du Canada, Ottawa

Bibliothèque de biologie Blacker-Wood
Université McGill, Montréal

Bibliothèque de l'Assemblée législative de
la Nouvelle-Écosse, Halifax

Bibliothèque de recherches biosystématique
Agriculture Canada, Ottawa

Bibliothèque des livres rares Thomas Fisher
Université de Toronto, Toronto

Bibliothèque Douglas, Université Queen's, Kingston

Bibliothèque nationale du Canada, Ottawa

Bibliothèque Osler de l'histoire de la médecine
Université McGill, Montréal

Collections particulières

Jeff Harrison

Library of the New York Botanical Garden
Bronx, New York

Metropolitan Toronto Reference Library, Toronto

Ministère des Affaires extérieures de l'Espagne, Madrid

Musée canadien de la nature, Ottawa

Musée de la Nouvelle-Écosse, Halifax

Musée des beaux-arts du Canada, Ottawa

Natural History Museum, Londres (Angleterre)

New-York Historical Society, New York

Service canadien des parcs, Ottawa

Contents   *Table des matières*

368.

29a

Acknowledgements

Fifteen years ago, I purchased an 18th-century engraving of a Whip-poor-will for my husband. From that first encounter with the work of George Edwards, I have been drawn to understand the desire that makes men and women forsake home, family and a comfortable life to dedicate themselves to the depiction of the wonders of creation. John James Audubon left his beloved Lucy to journey back and forth to England and the Continent to realize his passion for the *Birds of America*. Charles Fothergill died in poverty, his income spent on museum specimens and his energy on his great project, *Materials for a Natural History of the World*. Sibylle Merian took her daughter off to 18th-century Surinam, John Richardson nearly starved to death in the Arctic, and William Hind hauled paint and paper through Labrador and across the prairies. My dedication cannot equal theirs, but the preparation of this exhibition has allowed me at least to share in their passion.

No matter how great my dedication, the exhibition would not have been realized without the advice and support of Michael Bell, formerly Associate Curator of the Agnes Etherington Art Centre, and now Director of the Carleton University Art Gallery in Ottawa, to whom these 'First Impressions' give equally great pleasure. Without the exceptional patience and meticulous planning of Tobi Bruce, Acting Registrar of the Art Centre, the exhibition would never have emerged into physical reality. I cannot thank her enough. Thanks are also due to the editor Peter Smith, another soul of patience, who brought order to the catalogue, and to Micheline Ste-Marie, who made the manuscript accessible in our other official language. Peter Dorn designed the catalogue and created a beautiful and orderly book from a mass of disorderly images and text.

During my researches, I have had the great good fortune to meet and work with a number of librarians, archivists and curators who have shared my peculiar delight in these images. My thanks to the exceptional staff of the Documentary Art and Photography Division of the National Archives of Canada, and in particular Eva Major-Marothy and Gilbert Gignac who helped me make the difficult choice of what to include from their outstanding collection. Three librarians deserve special mention for favours above and beyond the call of duty: Joyce Banks, Rare Books and Conservation Librarian of the National Library of Canada; Eleanor MacLean of the Blacker-Wood Library, McGill University; and Rex Banks, Head of Library Services at The Natural History Museum in London. I have also enjoyed excellent service from Eva Gavora of the Botany Library at Agriculture Canada in Ottawa, Alan Walker and Annette Wengle of the Metropolitan Toronto Reference Library, Bernadette Callery of the Library of the New York Botanical Garden, Bronx, New York, and the staff at the Thomas Fisher Rare Book Room, University of Toronto. A special thanks to Ed Dahl, Early Cartography Specialist at the National Archives of Canada, who always sent something 'to lighten the ballast'. Many of the others who have lent materials to the exhibition have been only voices on the telephone or signatures on the FAX, but I owe them all a personal thanks.

My children also deserve a special vote of thanks for being understanding when Mom was too busy to go for a walk or read a story. Finally, I can think of no one to whom I would rather dedicate this work than to my husband Jeff, whose passion for natural history first encouraged me to look at these curious images.

Victoria Dickenson
Guest Curator

Remerciements

Il y a quinze ans, j'offrais à mon mari une gravure du 18e siècle d'un engoulevent bois-pourri. Ce premier contact avec l'oeuvre de George Edwards m'a donné envie de chercher ce qui pouvait bien décider ces hommes et ces femmes à quitter leur foyer, leur famille et une existence de tout repos pour se consacrer à la description des merveilles de la création. John James Audubon quitta sa bien-aimée Lucy pour faire la navette entre l'Angleterre et le Nouveau Continent, et satisfaire sa passion pour les *Oiseaux d'Amérique*. Charles Fothergill mourut dans l'indigence, ayant investi sa fortune dans des spécimens de musée et toutes ses énergies dans le grand projet *Materials for a Natural History of the World*. Sibylle Merian s'exila avec sa fille dans le Surinam du 18e siècle; John Richardson faillit mourir de faim dans l'Arctique, tandis que William Hind parcourait le Labrador et les Prairies chargé de tout son attirail de peintre. Je ne prétends pas les égaler en ferveur mais, du moins, la préparation de cette exposition m'aura permis de partager leur passion.

Peu importe le zèle que j'ai pu y apporter, l'exposition serait restée à l'état de projet sans les conseils et l'appui de Michael Bell, ancien conservateur adjoint de l'Agnes Etherington Art Centre et actuel directeur de la Galerie d'art de l'Université Carleton d'Ottawa, à qui ces «Premiers regards» plaisent également beaucoup. Tobi Bruce, archiviste intérimaire de l'Art Centre, s'est distinguée par une planification méticuleuse et une patience à toute épreuve; je ne saurais assez la remercier. Mes remerciements amicaux vont aussi à Peter Smith qui a fait la révision du catalogue, et à Micheline Sainte-Marie, qui a traduit mon texte en français. Peter Dorn, qui signe la conception graphique, a réussi à tirer un bel ouvrage d'une masse parfois confuse d'écrits et d'images.

Au fil de mes recherches, j'ai eu la bonne fortune de rencontrer nombre de bibliothécaires, d'archivistes et de conservateurs qui ont partagé mon ravissement devant ces images. Je voudrais remercier sincèrement le personnel hors pair de la Division de l'art documentaire et de la photographie des Archives nationales du Canada, notamment Eva Major-Marothy et Gilbert Gignac, qui m'ont aidée à faire un choix difficile parmi les oeuvres de leur exceptionnelle collection. Trois bibliothécaires m'ont rendu des services qui dépassaient de loin les exigences de leurs fonctions; ce sont Joyce Banks, conservateur de la Collection des livres rares, à la Bibliothèque nationale du Canada, Eleanor MacLean, attachée à la Bibliothèque Blacker-Wood de l'Université McGill, et Rex Banks, chef des bibliothèques du Natural History Museum de Londres. Je tiens aussi à souligner l'aide précieuse que m'ont apportée Eva Gavora, de la bibliothèque de botanique d'Agriculture Canada à Ottawa, Alan Walker et Annette Wengle, de la Metropolitan Toronto Reference Library, Bernadette Callery, de la bibliothèque du New York Botanical Garden, au Bronx (New York), et le personnel de la bibliothèque des livres rares Thomas Fisher, de l'Université de Toronto. J'ai une pensée toute spéciale pour Ed Dahl, spécialiste en cartographie ancienne des Archives nationales du Canada, qui n'a jamais manqué de joindre à ses envois «un petit rien pour égayer la tâche». De tous ceux qui m'ont fourni de la documentation, je n'en connais certains que par des conversations téléphoniques ou des messages sur télécopieur, mais je leur conserve un souvenir chaleureux.

Comment dire merci à mes enfants de ne pas avoir tenu rigueur à une maman trop occupée pour aller en promenade ou raconter des histoires? Enfin, personne au monde ne mérite mieux la dédicace de cet ouvrage que mon mari, Jeff, dont c'est la passion pour l'histoire naturelle qui m'a, en tout premier lieu, lancée sur la piste de ces curieuses images.

Victoria Dickenson
Conservatrice invitée

Foreword   Avant-propos

For more than two decades the Agnes Etherington Art Centre has been mounting exhibitions that aim to explore various aspects of the entire range of the Canadian visual heritage. Frequently pioneering in nature, these exhibitions and their accompanying catalogues have been extremely influential. *First Impressions* represents another milestone in this continuing but open-ended series.

Particular thanks are due to Michael Bell who has been involved in the exhibition since its inception several years ago, and to Victoria Dickenson who has brought it to its splendid realization. In her acknowledgements, Ms Dickenson expresses her thanks to the many associates, in many places, who have generously lent their assistance to the enterprise, and we at the Art Centre wish to extend our gratitude to them too. In Kingston, Tobi Bruce deserves special thanks for conscientiously co-ordinating both the exhibition and catalogue after Michael Bell took up the directorship of the Carleton University Art Gallery. Bruce Millen is to be congratulated on his effective installation of the exhibition in Kingston, and Peter Dorn for his skillful design of the catalogue. Katherine Manley of K2 Translations efficiently co-ordinated the French translation.

The exhibition could never have taken its present form or have travelled to Leonard and Bina Ellen Art Gallery, Montréal, and the Mendel Art Gallery, Saskatoon, without a grant from the Department of Communications of the Government of Canada under the Museums Assistance Program. For this we are extremely grateful. We also wish to thank all the lenders, both public and private, who willingly agreed to part with their works for the duration of the exhibition. Without their public-spirited generosity there would not have been an exhibition.

David McTavish
Director
Agnes Etherington Art Centre

Depuis plus de vingt ans, l'Agnes Etherington Art Centre organise des expositions qui visent à explorer divers aspects du patrimoine visuel canadien. Abordant des domaines souvent inexplorés, ces expositions et leurs catalogues respectifs ont exercé une grande influence. *Premiers regards* marque une autre étape de cette entreprise.

Notre gratitude va tout particulièrement à Michael Bell, qui s'est occupé de l'exposition depuis sa conception, il y a plusieurs années, et à Victoria Dickenson, qui a su lui donner un superbe aboutissement. Dans ses remerciements, Madame Dickenson salue les nombreuses personnes qui, d'un peu partout, lui ont généreusement prêté leur aide et nous-mêmes, de l'Art Centre, nous joignons à elle pour reconnaître notre dette. À Kingston, c'est à Tobi Bruce que revient le mérite d'avoir consciencieusement assuré la coordination de l'exposition et du catalogue après l'entrée en fonction de Michael Bell à la direction de la Galerie d'art de l'Université Carleton. Bruce Millen a réussi une excellente installation de l'exposition à Kingston ; Peter Dorn s'est surpassé dans la conception du catalogue, dont Katherine Manley, directrice de K2 Translations, a efficacement coordonné la version française.

L'exposition a pu prendre sa forme actuelle et pourra, plus tard, être tenue à la Galerie d'art Leonard and Bina Ellen et à la Galerie d'art Mendel de Saskatoon grâce à une subvention du ministère des Communications du gouvernement du Canada, en vertu du Programme d'appui aux musées, aide dont nous sommes vivement reconnaissants. Nous désirons aussi remercier toutes les personnes et établissements qui ont aimablement consenti à se séparer de leurs oeuvres pendant la durée de l'exposition. Sans leur générosité et leur esprit de partage, l'exposition n'aurait pas vu le jour.

David McTavish
Directeur
Agnes Etherington Art Centre

Dryas tenella mss.

G. D. Ehret. pinxit
1767.

Newfoundland

Preface

First Impressions brings together images concerned with natural history – art and science. There is an historical space between the two domains of art and science which this exhibition is intended to evoke, to bring into focus. The clarity of the focus is cast in a moral and ethical shadow, however, when one comprehends that the messianic mission of the Christian faith, combined with the power of systems of classification shaping new knowledge of the globe, systematically destroyed or covered over indigenous systems of knowledge and in turn devalued the local cultures encountered in the great quest for the 'Other'. This destruction continues today, driven by the power of capital and commerce.

The early natural scientists concerned with classifying and naming of all things in Creation as far away as the Americas in 'contact zones', as close to home as the neighbouring meadow, were figures associated with science, and only secondarily were their findings acknowledged to have commercial value; they were unwitting imperialists. They possessed the innocence of Adam, naming the creatures, but wielded extraordinary transformative power, extracting things from their geographical and ecological relationships and contexts, '...but also', as Mary Louise Pratt points out in *Imperial Eyes: Travel Writing and Transculturation*, 'from other peoples' economies, histories, social and symbolic systems' (31) to impose an intellectual order, a lettered, male European order and to discern God's design.

> But ask the beasts, and they will teach you;
> the birds of the air, and they will tell you;
> or the plants of the earth, and they will teach you;
> and the fish of the sea will declare to you.
> Who among all these does not know
> that the hand of the Lord has done this?
> In his hand is the life of every living thing
> and the breath of mankind. (JOB 12:7-10)

Description of plants, animals and minerals is an age-old activity; not mere written description of their properties, but also their delineation in colours. Pliny, the Roman naturalist and author of the multi-volume *Natural History* who died examining an eruption of Mount Vesuvius, observed that pictures are apt to mislead: ' ... a number of tints is required for the imitation of nature with any success; in addition to which, the diversity of copyists from the original paintings, and their comparative degrees of skill, add very considerably to the chances of losing the necessary degree of resemblance to the originals.' (VI:25)

The images in *First Impressions* demonstrate the ongoing attempts to describe and delineate Nature's parts as they were encountered by natural scientists, both professional and amateur. In their completed works from the very earliest until the latest, whether unique watercolours or William Ivins' 'exactly repeatable pictorial statement' – printed images, artists aspired to overcome the shortcomings set out by Pliny. By the time the last image in *First Impressions* was made, photography had changed immeasurably the practice of making images for science. But even photography is not wholly objective optics and chemistry and today we would see the possession inherent in the subject 'taking' the picture of the object as an ideological act, analogous to natural history's 'naming': '...the naming, the representing, and the claiming are all one; the naming brings the reality of order into being.' (Pratt, 33)

Michael Bell
Supervising Curator and Director
Carleton University Art Gallery

Préface

Premiers regards réunit des images de l'histoire naturelle; ces images se rattachent autant à l'art qu'à la science. Les domaines de l'art et de la science se sont historiquement chevauchés, et c'est ce chevauchement que l'exposition veut mettre en lumière. Toutefois, ce phénomène ne va pas sans des incidences éthiques et morales de taille; en effet, le messianisme de la religion chrétienne, allié aux puissantes grilles de classification qui charpentaient les nouvelles connaissances au sujet de la planète, a impitoyablement détruit ou réprimé les systèmes de connaissance indigènes et bafoué successivement les cultures qui se trouvaient sur la route de l'«Autre». Cette oeuvre de destruction se poursuit de nos jours, poussée par l'appareil du capital et du commerce.

Les premiers naturalistes, qui avaient le souci de nommer et de classifier les êtres et les choses de la Création, dans les lointaines zones de contact des Amériques aussi bien que chez eux, dans le pré voisin, étaient des hommes de science, et ce n'est qu'accessoirement que leurs découvertes ont revêtu une valeur commerciale ; impérialistes, ils l'ont été à leur insu. Avec toute l'innocence d'Adam, ils nommaient les créatures, mais leur pouvoir de transformation était extraordinaire. En réalité, il s'agissait d'imposer un ordre rationnel, européen, viril et civilisé, à ces éléments extirpés de leur contexte, privés de leurs connotations géographiques et écologiques, et aussi, comme le souligne Mary Louise Pratt dans *Imperial Eyes : Travel Writing and Transculturation*, empruntés à l'économie, à l'histoire ainsi qu'aux réseaux sociaux et symboliques d'autres peuples» (31) – et d'y lire les desseins de Dieu.

> Mais interroge donc les bêtes : elles t'instruiront ;
> Les oiseaux du ciel, qui te l'apprendront.
> Adresse-toi aux plantes de la terre, qui t'enseigneront;
> Et aux poissons de la mer, qui te donneront des leçons.
> Qui ne sait, parmi tous ces êtres,
> Que la main de Dieu a fait tout cela,
> Lui qui tient en main l'âme de tout ce qui vit,
> Et le souffle de vie de tous les humains? (JOB 12 : 7-10)

La description des minéraux, des plantes et des animaux occupe depuis longtemps l'humanité, que ce soit la description verbale de leurs propriétés ou leur représentation en couleur. Pline l'Ancien, le grand naturaliste et auteur de la vaste encyclopédie *Histoire naturelle,* qui est mort en observant une éruption du Vésuve, savait que l'image peut être trompeuse : «... il faut un grand nombre de nuances pour rendre vraisemblable l'imitation de la nature ; en outre, ceux qui copient le tableau original d'une main plus ou moins habile sont légion, ce qui ajoute au risque de perdre le degré nécessaire de ressemblance au modèle.» (VI : 25)

Les images de *Premiers regards* illustrent les efforts que les naturalistes du temps, amateurs et professionnels, ont faits pour décrire et représenter la nature telle qu'ils la voyaient. Dans leurs oeuvres, des plus anciennes aux plus récentes, des aquarelles uniques aux oeuvres qui, comme celles de William Ivin, étaient destinées à la reproduction imprimée, les artistes ont voulu surmonter les obstacles mentionnés par Pline. Au moment où était signée la dernière oeuvre de *Premiers regards*, la photographie avait radicalement changé la réalisation d'images à but scientifique. Mais on sait que la photographie ne se ramène pas à une chimie et à une optique entièrement détachées. De nos jours, nous sommes conscients de la prise de possession inhérente à l'acte de celui qui «saisit» l'objet en photographie; cet acte, on peut l'assimiler à celui de «nommer» en histoire naturelle : « ... nommer, représenter et revendiquer, cela revient au même ; nommer concrétise la réalité de l'ordre.» (Pratt, 33)

Michael Bell
Conservateur en chef et directeur
Galerie d'art de l'Université Carleton

GEORGII EDVARDI
ORNITHOLOGIA NOVA

14

First Impressions

European Views of the Natural History of Canada from the 16th to 19th Century

INTRODUCTION

In the frontispiece to his book *A Natural History of Uncommon Birds ...* , George Edwards has pictured himself dressed in toga and sandals and seated at his easel. Minerva, goddess of Wisdom, points to his drawing, while Juno, reclining on a cloud, looks on from above. Chronos aided by Juno's peacock supports the easel, and around them cherubs play with brightly coloured parrots. Edwards titled his frontispiece 'Ornithologia Nova,' the New Ornithology.

George Edwards (1694 – 1773) was library-keeper to the Royal College of Physicians, but his passion was natural history. During his lifetime, he published both *A Natural History of Uncommon Birds and Some Other Rare and Undescribed Animals, Quadrupeds, Fishes, Reptiles, etc.* (1743 – 1751) and *Gleanings of Natural History* (1758). Edwards was representative of a movement in science and art that had its beginnings in the seventeenth century but came to full flower in the eighteenth and early nineteenth centuries. During that period emerged a new understanding of the use of illustration as a tool to express scientific knowledge and as a means of describing the nature of things. This development centred around the growth of interest in natural history and what Bernard Smith has called the 'heroic' undertaking of the 'assembling of a systematic, empirical, and faithful graphic account of all the principal kinds of rocks, plants, animals and peoples in the world.'[1]

Edwards stands at the early mid-point of this development and his frontispiece is revealing. He was not an academically trained artist, but self-taught. The classical allusions in his etching, though common to many paintings of the Neoclassical period, are not gratuitous decoration. They imply rather that Edwards, the contemporary naturalist, is heir to the tradition of the great classical naturalists like Pliny the Elder, Aristotle, and Dioscorides. At the same time, the exotic birds that perch and flutter around the figures are reminders of the impact the exploration of the New World had on classical natural history. Finally, there is the figure of Father Time. Edwards is setting down, with his brush and graving tools, the multitudinous and varied figures of life, preserving them in ink and washes for study and contemplation, playing his part in the heroic undertaking that early modern science represented for its followers – the elucidation of the eternal verities and the description of things as they are.

This exhibition, *First Impressions*, is about the struggle of artists from the sixteenth to the mid-nineteenth centuries to depict things as they are. It is about the emergence of a new kind of vision, scientifically trained and inspired, that attempted to preserve images of the natural world in their freshness, without the intervention of contemporary artistic conventions. It is also about the way in which the plants, animals, and landscapes of the New World, particularly northern North America, were seen by European artists, and how the difficulties inherent in depicting new species were resolved. The exhibition also touches on the relationship between perception and knowledge, how what is seen is affected both by what is known and by what the viewer considers of interest.

THE REPRESENTATION OF THE NATURAL WORLD

I have suggested above that Edwards was representative of a new movement that united art and science in an attempt to describe and understand the world. This movement was grounded in two developments of the sixteenth and seventeenth centuries. The first centred around what Francis Bacon codified as the 'New Philosophy,' in which the collection of 'facts' and the use of inductive reasoning as a means of knowing replaced a reliance on classical authors and deductive reasoning. The second is related to the first, and has been admirably discussed by Svetlana Alpers in *The Art of Describing: Dutch Art in the 17th Century*. Alpers asserts that in seventeenth-century Holland 'established pictorial and craft traditions, broadly reinforced by the new experimental science and technology, confirmed pictures as the way to new and certain knowledge of the world.'² In further discussing the Dutch intellectual Constantjin Huygens and his writings on art and science, she notes that for Huygens 'picturing serves a descriptive function. It is not tied to received and hallowed knowledge but to new sights of a very individual kind.'³

This is 'picturing' as Edwards thought about it. Illustration was not simply an adjunct to narrative description, or a decorative element, but a reliable way of passing along information about natural phenomena. There was an important proviso in the use of illustration as description, however. It must be *accurate* representation. Abraham Cowley, in a poem commissioned for a book written in 1667 on the history of the Royal Society, was explicit about the Baconian notion of art:

> Who to the life an exact Piece would make,
> Must not from others Work a Copy take;
> No, not from Rubens or Vandike.
> Much less content himself to make it like
> Th'Ideas and the Images which ly
> In his own Fancy, or his Memory.
> No, he before his sight must place
> The Natural and the Living Face:
> The real Object must command
> Each judgment of his Eye, and Motion of his Hand.⁴

Thus, when Edwards dedicated his *Natural History* to the 'President and fellows of the Royal Society' he was careful to note on his title page that the animals and plants and birds that they depicted were 'copied immediately after Nature, and curiously coloured after Life.'

Copying after nature was not, however, as easy as Cowley would have one believe. To see and depict clearly was not a simple matter. Seeing is after all dependent on knowing, and what you see will often depend on what you consider significant. Artists work within the conventions of art, which allow them to employ line or colour to render an image that we see in a particular manner to which we have become accustomed. The needs of the new scientists of the sixteenth and seventeenth centuries drove artists to find a new convention of representation that informed the works of Edwards and his successors in natural-history illustration.

Prior to the sixteenth century, illustration as a form of pertinent information about natural history was uncommon. This was a result partly of the technical difficulties of reproduction of images and partly of a lack of interest in the visual representation of natural phenomena. It was

7a

only in the sixteenth century that naturalists began to turn away from the analysis of classical authors like Pliny and Dioscorides, and began to rely instead on direct observation and first-hand accounts of flora and fauna. Konrad Gesner, author of the encyclopaedic *Historia Animalium* (1551 – 1558), was aware of the need for clear illustrations 'so that students may more easily recognize objects that cannot be very clearly described in words.'⁵ His *Historia* and his *De rerum fossilium* (1565) were thus profusely illustrated with woodcuts. Gesner was also one of the first naturalists to compile information from correspondents throughout Europe and, where possible, to view their collections. The illustrated book became, then, a kind of portable 'cabinet' or museum, used for easy reference.

When Gesner's artists drew fossils or familiar animals like horses and dogs, the drawings are charming and useful for identification. Difficulties arose when fifteenth- and sixteenth-century artists attempted to depict the unfamiliar and the unseen. Few of the artists who laboured at the woodblock had the opportunities afforded their eighteenth-century successors, who travelled widely in their pursuit of natural-history subjects. Nor did they have easy recourse to the great collections that were only beginning to be assembled and ordered. Often they had no more to go on than verbal description, often sketchy and inaccurate. Thus evolved the drawing of the 'lagophus' in the Latin edition of the *Hortus sanitatis* (1491). Here is pictured a ptarmigan, shown as a rabbit with wings. The ptarmigan has feathered feet, similar in appearance to those of a hare, and was thus given the name of lagophus or 'hare-like,' which name the artist interpreted literally.

This problem of depicting the unfamiliar from verbal description was not exclusively one of the fifteenth and sixteenth centuries. It was not until the nineteenth century that artists routinely had access to either specimens or field sketches to supplement memory and description. The need to document the natural productions of the New World, however, stimulated both the use of illustration as an important accompaniment to textual description and the quest for accurate depiction of the unfamiliar.

One is tempted to see the history of representation of natural subjects as a straightforward progression from fanciful or inaccurate rendering to accurate rendering. I have hinted above that faithful representation was a result of the condition of the specimens available to the artist. It was also the result of skill in painting and drawing or engraving, and of training the eye to see in a particular manner.

For much of the period represented in this exhibition, the specimens available to the artist worked against faithful representation. This is particularly the case with the animals of the New World. Artists who prepared drawings of plants had a far easier time of it. Many families of plants have a worldwide distribution, and a naturalist could thus easily identify similar plants on both sides of the Atlantic. For example, Jens Munk, a Norwegian explorer who wintered in Hudson Bay in 1618 – 1619, noted cloudberries and gooseberries similar to those in Norway.[6] In addition, early explorers, many keenly interested in the medicinal powers of plants, brought back samples for botanical gardens in Paris, London, and Madrid. White cedars and sugar maples grew in the Jardin Royal in Paris by the early seventeenth century, likely brought back by Cartier. A lively traffic in seeds and cuttings sprang up across the Atlantic to supply rare and exotic plants for the burgeoning gardens of both princes and naturalists like John Evelyn or Charles de Lécluse (Clusius).

In 1635 Cornut could with some confidence produce an accurately illustrated North American herbal, relying on specimens grown in the botanic gardens of Europe or sent in their dried state (a *hortus siccus* or dried garden) and compared with living European representatives of the same genus or species. It was a far more difficult task for those who sought to paint the birds, fish, and insects of the New World. The most successful were, of course, those who could paint bird or beast on the spot. Mark Catesby, in the preface to his *The Natural History of Carolina* ... (1731 – 1743), outlined his methods:

In designing the Plants, I always did them while fresh and just gathered: And the Animals, particularly the Birds, I painted them while alive (except a very few) and gave them their Gestures peculiar to every kind of Bird ... . Fish which do not retain their colours when out of their Element, I painted at different times, having a succession of them procur'd while the former lost their Colours ... . Reptiles will live many months without Sustenance, so that I had no difficulty in painting them while living.[7]

5

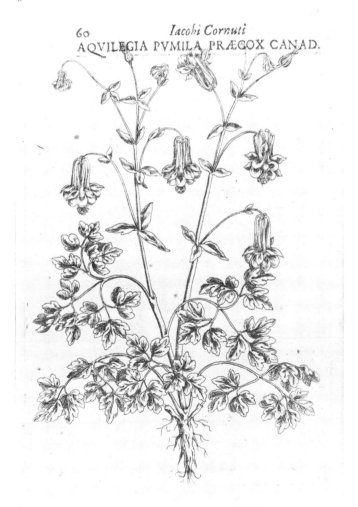

60   *Iacobi Cornuti*
AQVILEGIA PVMILA PRÆCOX CANAD.

Few had Catesby's advantages. Edwards painted from living animals when he could, but since he never visited North America, he was restricted to those that had been imported to England for private menageries, like the aviary of Dr. R.M. Massey at Stepney, which included a white-tailed eagle from Hudson Bay. More often he was forced to work from preserved specimens sent to collectors like Sir Hans Sloane (founder of the British Museum, for whom Edwards worked for many years).

The art of preserving specimens was in its infancy. If the specimens survived the long sea voyages, dried skins, salted birds, or animals preserved in spirits or varnish were all artists could look forward to working with. It was difficult, if not impossible to form a picture of the stance and manner of the animal, and the artists were aware they worked at a disadvantage.[8] Thomas Pennant, author of *Arctic Zoology* (1792), wrote that, unlike Willughby (author with John Ray of a British ornithology, 1676), he worked at second hand:

What he [Willughby] would have performed, from an actual inspection in the native country of the several subjects under consideration, I must content myself to do, in a less perfect manner from preserved specimens transmitted to me; and offer to the world their Natural History, taken from gentlemen or writers, who have paid no small attention to their manners.[9]

In addition to quotations from writers like Pehr Kalm, the Swedish naturalist, Father Charlevoix, French traveller, Henry Ellis, Arctic explorer, and Mark Catesby, Pennant's book is replete with references to the generous help afforded Pennant by men like Samuel Hearne, Thomas Hutchins, and Andrew Graham of the Hudson's Bay Company.[10] He also makes special mention of the 'late Sir Ashton Lever, Knight ... for the closer examination of his treasures than was allowed to the common visitors of his most magnificent museum.'[11]

Not only were the artists working with material that was less than ideal, but in many cases they lacked either the skill or the training that would have allowed them to force life into a lifeless specimen. Eleazar Albin, Mark Catesby, and George Edwards were all self-taught. Edwards described his own early training:

Birds first engaged his particular attention; and having purchased some of the best pictures of these subjects, he was induced to make a few drawings of his own; which were admired by the curious, who encouraged our young naturalist to proceed, by paying a good price for his early labours.[12]

The 'curious' in this case was Sir Hans Sloane. Catesby also had a part in Edwards's artistic education:

I was discouraged, upon first thinking of this work, at the great expense of graving, printing, and other things, which I knew would be a certain cost attended with very uncertain profit, till my good friend Mr. Catesby put me on etching my plates myself, as he had done in all his work ... .[13]

Catesby himself explained that he was self-taught, and had etched his own plates: 'tho I may not have done in a Graver-like manner, choosing rather to omit their method of cross-hatching, and to follow the humour of the Feathers, which is more laborious, and I hope has proved more to the purpose.'[14]

Catesby and Edwards may have been wise in learning the techniques of engraving and etching, since the transfer of original image to printed plate was problematic. Up until the seventeenth century, the chief method of reproduction was the woodcut, which was gradually supplanted by the longer lasting copper engraving or etching. Few artists learned how to master the complicated printing processes, and many authors complained, as did the baron de Lahontan, that the finished product bore little resemblance to the original work. The baron noted in the English edition of *Mémoires de l'Amérique Septentrionale* (1703) that he had 'corrected almost all the Cuts of the Holland Impression, for the Dutch Gravers had murder'd 'em, by not understanding their Explications, which were all in Franch.'[15] Linnaeus agreed in his *Philosophia botanica* (Aphorism 332) that 'A painter, an engraver, and a botanist are all equally necessary to produce a good illustration; if one of them goes wrong, the illustration will be wrong in some respect.'[16]

Far more complex an issue in the question of faithful representation is correct perception. In the sixteenth to eighteenth centuries artists were developing a convention for the depiction of natural-history subjects that was intimately linked to contemporary scientific developments. Not only was there a new understanding of the importance of illustration for the transfer of information but, of equal importance, there was the evolution of a new understanding of the scientific content of the image.

When they have so desired, artists have painted plants, insects, and animals in loving and photographic detail. Albrecht Dürer's watercolour *Das Grosse Rasenstück* (The Large Turf) is an excellent example of careful observation, as are all his finely crafted watercolours of flowers, painted between 1503 and 1505. The illuminated borders of the Hastings *Hours*, painted in watercolour on vellum

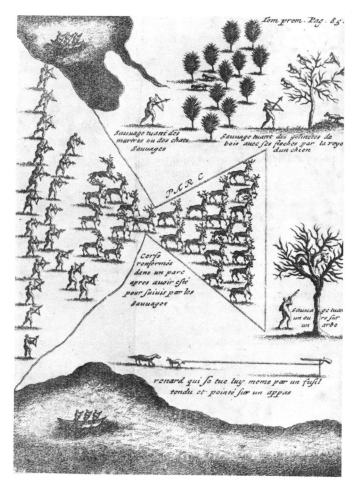

Sauuage tuant des martres ou des chats Sauuages

Sauuage tuant des sinettes de bois auec ses fleches par la voye d'un chien

PARC

Cerfs renfermés dans un parc apres auoir esté pour suiuis par les sauuages

Sauuage qui tue un ou re sur un arbre

renard qui se tue luy meme par un fusil tendu et pointé sur un appas

9a

around 1480, also show considerable skill in the portrayal of flowers and insects. What Dürer in his watercolours (or da Vinci in his sketches of plants or Parmigianino in his chalk drawing of an eagle) achieved was portraits of natural objects. A portrait seeks to show individual characters. Dürer's large piece of turf can be mistaken for no other. Each plant is individualized, identifiable, and unique. Dürer has observed closely and depicted brilliantly, but he has asked himself questions different from those asked by the naturalist. The naturalist asks not 'How can I recognize that particular plant again?' but 'How can I recognize that particular type of plant again?' The naturalist seeks to portray the typical, not the individual.

The road to the understanding of the importance of the typical was not straightforward. The evolution of illustrated herbals from the fifteenth to sixteenth century presages the changes in understanding of the seventeenth century. Early printed herbals of the late fifteenth century had crude woodcuts, based on much-copied medieval manuscripts, and bearing little resemblance to living plants. These were in effect *aide-mémoires* to their readers, who would have been apprenticed and have learned most of their craft in the field. Accurate representations of plants first appeared in the 1530 *Herbarium vivae eicones* or 'Living Pictures of Plants.' The illustrator was Hans Weidetz, a pupil of Dürer; and like those of his master, his plants are carefully observed portraits, complete with dead or wrinkled leaves. Leonhart Fuchs's *De Historia Stirpium* (1542) was the first herbal to present to the reader a more idealized version of the plant, one that could be used to identify any member of a group, since it showed what to the herbalists were the essential identifying characteristics.[17]

Svetlana Alpers has suggested that in the seventeenth century there was a turning point in the fundamental way in which knowledge was constituted.[18] Previously, knowledge revolved around the notion of resemblance. Thus, the herbalist sought plants that resembled portions of the body, and assumed that they had been placed on earth to aid in the treatment of human affliction. This notion is part of a long-established anthropocentric view of the natural world, which, as Keith Davies points out in *Man and the Natural World*, was shattered by the naturalists of the 1600s:

In place of a natural world redolent with human analogy and symbolic meaning, and sensitive to man's behaviour, they constructed a detached natural scene to be viewed and studied by the observer from the outside, as if peering through a window, in the secure knowledge that the objects of contemplation inhabited a separate realm, offering no omens or signs, without human meaning or significance.[19]

The organizing principles based on resemblance were replaced with the new classification schemes of the naturalists, which Davies characterizes as 'ambitious attempt[s] to impose a new form of intellectual order upon the natural world.'[20] Part of this new intellectual order involved an emphasis on diversity. The classifiers of the seventeenth and eighteenth centuries sought to differentiate, to seek out differences, not resemblances, in effect to increase rather than reduce the numbers of particular things. Things were related not through their identity, but through the gradual accumulation of particularity that made types. In an effort to clarify the problem of relationship between distinct entities, Linnaeus penned the famous aphorism in his *Philosophia botanica* (1751):

This is the first and last desideratum among botanists.
Nature makes no jumps.
All taxa show relationships on all sides, like the countries on a map of the world.[21]

Linnaeus's notions about the act of classification set the agenda not only for scientists, but also for artists. According to Staffleu, 'Linnaeus was convinced that a complete description was anti-taxonomic and even more misleading; the 'true' character contains a statement of the diagnostic details only. The main aim is to state the timeless essentials; the rest is irrelevant because it is supposed to follow from the essence as a logical consequence.'[22] For artists, it was no longer sufficient, as it had been in Gesner's time, to show a bear that stood for all bears; it was important to show how each type of bear differed from another. And precisely because things were types, artists could not portray, as Weidetz did, the individual. Artists must see in the unique specimen before them the 'diagnostic details' that would characterize all individuals in a group. Within the illustration, then, artists sought, as Edwards had noted in his use of Chronos to support the easel, the 'timeless essentials.' What was significant for identification became pronounced and obvious. The representation is faithful not to the specimen but to the species. Thus, botanical illustrators show, in a most unnatural and timeless fashion, flowers, fruit, and leaves, all on the same stem.

By the mid-eighteenth century, when Edwards drew his frontispiece, the conventions that guided the depiction of flora and fauna had already emerged and continued to dominate natural-history illustration until the mid-nineteenth century, when Darwin's ideas about the importance of habitat brought a new focus to the art of the naturalist.

THE CONVENTIONS OF NATURAL-HISTORY ILLUSTRATION

The conventions that guided the hand of Edwards and his colleagues and successors, like Catesby, Parkinson (the naturalist artist of Cook's voyage), Paillou (the illustrator of Taylor White's collection), and Georg Ehret (arguably the greatest of eighteenth-century botanical painters), were, as Edwards had shown in his frontispiece, derived more from science than from art. Catesby excused his lack of training but went on to note that his self-taught manner was perhaps better suited to the 'Purpose of Natural History':

As I was not bred a Painter, I hope some faults in Perspective, and other Niceties, may be more readily excused, for I humbly conceive Plants, and other Things done in a flat, tho'

exact manner, may serve the Purpose of Natural History, better in some Measure than in a more bold and Painter like way.[23]

Edwards concurred and noted that from the time he began to draw and colour animals 'A strict attention to natural, more than picturesque beauty claimed his earliest care.'[24] Peter Paillou was criticized by Thomas Pennant, for whom he painted some birds and animals, as being 'too fond of giving gaudy colours to his subjects.'[25] Taylor White, for whom both Peter Paillou and Charles Collins worked, insisted that his artists attempt to paint their subjects life-size. For Linnaeus, in order to provide accurate identification, the illustration 'must be of natural size and show the parts in their proper places, and it must also show even the most minute parts of the fructification.'[26] The insistence on exact rendering was for the collectors and scientists more than just a preference. Anker notes in his book on *Bird Books and Bird Art* that due to poor methods of preservation, 'Right down to the close of the 18th century native and foreign birds were in many instances named from unpublished pictures.'[27]

The conventions established for the depiction of flora and fauna were also extended to the renderings of landscape. In a letter to Joseph Banks concerning a proposed tour of Lapland, Thomas Falconer is critical of those gentlemen on the grand tour who confine themselves to the portrayal of 'Towns or Churches, [which] exhibit nothing but a tedious uniformity.' He encourages Banks to record rather 'the appearance of Nature [which] is varied in every Climate':

if your designer would stain his drawing, it would point out the colour of the Soil and verdure, with the nature of the Rocks, and would enable us to here to have a full idea of the Country, which no description possibly can.[28]

Falconer goes on to emphasize that a scientific point of view as well as artistic skill are the criteria for accurate representation:

Your precision of measures, and the advantage of able artists, are a great point, for when we judge by description we form an opinion through the medium of another man's understanding, who generally compares it with something else he has seen ... . What an assistance is it then to truth to have the objects delineated by one common measure which speaks universally to all mankind.[29]

Falconer suggests in these passages that the image rather than the verbal description is the surer form of communication, an assistance to truth. This assistance, however, is predicated on the 'precision of measures,' which he knows a man of Banks's scientific understanding will provide. Science is the 'one common measure' that makes the individual understanding universal. Falconer's prescription would have answered the criticisms of Pehr Kalm, the Swedish botanist, who wrote in a letter to William Bartram in 1750:

it is the way of some travellers to magnify every thing ... . This humour of travellers, has occasioned me many disappointments in my travels, having seldom been so happy as to find the wonderful things that had been related by others. For my part, who am not fond of the *Marvellous*, I like to see things just as they are and so to relate them.[30]

He echoes, in fact, the inspector general of Marlow Military College, who noted that 'Everything which is put down in writing of necessity takes on some colour from the opinion of the writer. A sketch map allows of no opinion.'[31]

The military tradition of *paysage cartographié* stood painters like Thomas Davies and George Back in good stead when they sought to portray a new landscape. It was assumed that the sketches and watercolours they made had value not simply as art but, more importantly, as information. Bernard Smith, in his book *European Vision and the South Pacific* , has contended that it was 'the need to discover and evoke what was typical' that engendered the predominant mode of nineteenth-century landscape painting. He suggests that the 'dominating categories of the descriptive sciences' were the means by which European painters 'effectively described and brought under control' the foreign landscape of the South Pacific[32] (and, one might argue, that of the Arctic and the prairies in North America).

CONCLUSION

While we might today dispute the objectivity assigned to illustration, by the beginning of the nineteenth-century it was assumed that scientific truth could be embodied within a properly executed drawing. Baron Cuvier, perhaps the greatest systematizer of the nineteenth century, describes very well the distinction between the conventions of the artist and those of the 'savant' in his report on Audubon's *The Birds of America* to the Académie des sciences:

It is in this double capacity of artist and savant that he produced the work ... . The execution of these plates, so remarkable for their size, appears to have succeeded equally well with regard to the drawing, the engraving and the colouring. And although it is difficult in colouring to give perspectives with as

much effect as in painting, properly so called, that is no defect in a work on natural history. Naturalists prefer the real colour of objects to those accidental tints which are the result of the varied reflections of light necessary to complete picturesque representations but foreign and even injurious to scientific truth.[33]

The conventions of scientific illustration were in many ways antithetical to the conventions of art. Audubon and the naturalist painters eschewed the picturesque, but for artists like Sir Joshua Reynolds, for example, the filter of the imagination was essential:

A landscape painter ought to study anatomically (if I may use the expression) all the objects which he paints; but when he is to turn his studies to use, his skill, as a man of genius, will be displayed in showing the general effect ... for he applies himself to the imagination, not to the curiosity, and works not for the virtuoso or the naturalist, but for the common observer of life and nature.[34]

The works brought together in this exhibition document the vision of Canada filtered through the conventions of the art of natural history. The works attempt to delineate not the 'general effect' but the particular and the typical. As such they were attempts on the part of the artists to provide their objective first impressions of a new land. They reflect a freshness that Barbara Stafford calls the 'innocent eye':

scientific scrutiny recaptured the innocent eye of the archetypal encounter with the earth. The traveler, searching in virgin forests or remote poles far from civilized nations, provided an image of the naked world in its youth ... .[35]

By the end of the nineteenth century, the new world no longer appeared so youthful to the European eye. At the same time the photographer had begun to replace the naturalist-artist as the dispassionate observer of the natural world. But because the photographer must deal with an individual, never a 'type,' the naturalist-artist continues to find an important place in the world of science and in the art that continues to reflect its interests.

A NOTE ON THE USE OF MATERIAL HISTORY

Historians have a preference for words, and history is most commonly the result of the analysis of discourse – texts, letters, journal entries, recorded conversations. Images are seen less as sources of original information than as illustration for written description. When examining the images that make up the visual record of Canadian natural history, it is important to realize that in many cases the picture was the thing that counted, and the words were secondary. Martin Rudwick, in his essay 'A Visual Language for Geology,' suggests it is contemporary prejudice that ignores the significance of illustration in the history of science:

A study of the conceptual uses of visual images in an early nineteenth century science may help in a small way to counter the common but intellectually arrogant assumption that visual modes of communication are either a sop to the less intelligent or a way of pandering to a generation soaked in television.[36]

As William Ivins has also explained, the prejudices of art history, in which prints are considered a minor art form, have hindered the appreciation of the print as a major form of communication. He points out that whereas written information had a limited availability in the past, images were universally accessible. Printers' economies have also added to the influence of the printed illustration. Many printers would reuse plates, either re-engraving or simply re-issuing a plate. The persistence of a particular printed image through time added to its impact on the human imagination.

The discipline of material history also encourages us to use the material document as evidence of a different kind. Henry Glassie points out that his investigations of the material remains of houses are, like Ruskin's explorations of European cathedrals, 'a study of the architecture of past thought – an attempt to reconstruct the logic of people long dead ... .'[37] By looking seriously at the images that the naturalists and scholars, ladies and gentlemen, and scientists and explorers used to gain knowledge of the natural world, we too can understand something better of the way in which they saw that world.

1   Smith, *European Vision* ... , 339.
2   Alpers, xxv.
3   Alpers, 7.
4   Quoted in Alpers, 79.
5   Quoted in Rudwick, 6.
6   Munk, 46.
7   Quoted in Norelli, 61.
8   It should also be noted that for animals like the caribou and beaver, which have European equivalents, few artists had an opportunity to see even these at first hand.
9   Pennant, III, a2.
10 Pennant: 'Mr Graham sent two specimens to the Royal Society ... '(II, 42 Snow Buntings); 'Mr. Hutchins has often observed it at Albany fort ...' (I, 333, Gyrfalcon).
11 Pennant, III a2.
12 Edwards 2.
13 From the Introduction to *Gleanings of Natural History* (1758), quoted in Lysaght, pl. 77.
14 Quoted in Norelli, 69.
15 Quoted in Cummings *et al.* 201n.
16 Staffleu, 78.
17 It might also be conjectured that the Fuchs's herbal was printed in an era that had begun to recognize the significance of the printed book as a means of transferring knowledge exclusive of field experience gained through personal apprenticeship.
18 Alpers, 79.
19 Thomas, 89.
20 Thomas, 65.
21 Staffleu, 45.
22 Staffleu, 52.
23 Quoted in Norelli, 61.
24 Edwards, 2.
25 Pennant in *Literary Life* (1793), quoted in Lysaght, *Joseph Banks ...*, 104.
26 Staffleu, 37.
27 Anker, 29.
28 Quoted in Smith, *European Vision* ... , 12
29 Smith, *European Vision* ... , 14
30 Quoted in Bartram, 84.
31 Clarke, 96. It is the topographically-inclined artists trained in the tradition of the military and naval academies that provide what Martin Rudwick calls 'an appropriate artistic tradition' for geological illustration.
32 Smith, *European Vision* ... , ix-x.
33 Quoted in Buchanan, 137.
34 Reynolds, 11th Discourse (1782), quoted in Smith, *European Vision* ... , 111. Smith would argue, however, that the influence of the naturalist on the artist was profound. He suggests that analytical naturalism provided by the scientific attitude transformed the nature of landscape painting in the nineteenth century.
35 Stafford, 53.
36 Rudwick, 150.
37 Glassie, vii.

GEORGII EDVARDI
ORNITHOLOGIA NOVA

14

Premiers regards

Impressions européennes de l'histoire naturelle au Canada du 16ᵉ au 19ᵉ siècle

INTRODUCTION

Au frontispice de son ouvrage *A Natural History of Uncommon Birds …* , George Edwards se dépeint, en toge et sandales, assis à son chevalet. Minerve, déesse de la Sagesse, pointe du doigt un détail du dessin tandis que Junon, portée par un nuage, contemple la scène. Chronos, assisté du paon de Junon, sert d'appui au chevalet et, tout près, des chérubins folâtrent en compagnie de perroquets au plumage éclatant. Edwards avait intitulé l'allégorie «Ornithologia Nova», c'est-à-dire «La Nouvelle Ornithologie».

George Edwards (1694 – 1773) était bibliothécaire du Royal College of Physicians, mais l'histoire naturelle était une passion pour lui. De son vivant, il fait paraître *A Natural History of Uncommon Birds and Some Other Rare and Undescribed Animals, Quadrupeds, Fishes, Reptiles, etc.* (1743 – 1751) et *Gleanings of Natural History* (1758). Edwards est représentatif d'un mouvement dans les sciences et dans les arts qui, amorcé au dix-septième siècle, s'épanouira au dix-huitième et au début du dix-neuvième siècle. Durant cette période, une nouvelle conception de l'illustration verra le jour; elle servira désormais à exprimer le savoir scientifique et à décrire la nature particulière des choses. Ce phénomène se rattache à l'intérêt grandissant que suscitait alors l'histoire naturelle et sa mission – une réelle «épopée», selon le terme de Bernard Smith; il s'agissait de constituer par l'observation un répertoire systématique et fidèlement descriptif des principaux spécimens de minéraux, de plantes, d'animaux et d'êtres humains de l'univers.[1]

Edwards travaillait vers le milieu de cette période et son frontispice est éloquent. Il ne possédait aucune formation artistique, c'était un pur autodidacte. Mais les allusions classiques de l'estampe, si fréquentes dans les oeuvres néoclassiques, n'ont pas un but uniquement décoratif. Elles attestent plutôt qu'Edwards, naturaliste bien de son temps, s'inscrit dans la tradition des Aristote, Dioscoride et Pline l'Ancien. Par ailleurs, les oiseaux exotiques qui perchent ou volètent autour des personnages rappellent les contrecoups de la découverte du Nouveau Monde dans l'histoire naturelle. La présence du dieu du Temps n'est pas gratuite. En effet, à l'aide de la plume, du pinceau et de la pointe, l'artiste saisit la multitude et la diversité des formes vivantes pour les proposer à l'étude et à la contemplation: il joue son rôle dans la véritable épopée que vivent les pionniers de la science moderne - l'élucidation des vérités éternelles et la description concrète de la réalité.

L'exposition *Premiers regards* illustre les efforts déployés par les artistes, du seizième siècle jusqu'au milieu du dix-neuvième, pour représenter réalistement la nature. Elle retrace l'apparition d'une nouvelle optique, d'inspiration et de méthode scientifiques, qui tentait de capter les images du monde naturel dans toute leur fraîcheur, en dehors du carcan des conventions artistiques. Elle témoigne aussi de la façon dont les plantes, animaux et paysages du Nouveau Monde, de l'Amérique du Nord en particulier, furent perçus par les artistes européens et les solutions qui furent apportées aux difficultés inhérentes à la représentation de nouvelles espèces. L'exposition traite également des rapports qui existent entre perception et savoir ainsi que de la façon dont la perception visuelle de l'objet est modifiée à la fois par ce que l'observateur connaît et par ce qu'il juge digne d'intérêt.

LA REPRÉSENTATION DU MONDE NATUREL

Je viens de rattacher Edwards à un mouvement novateur, qui intègre art et science dans une tentative de décrire le monde et de le comprendre. Ce mouvement tire ses origines de deux courants de pensée qui ont marqué les seizième et dix-septième siècles. Le premier de ces courants se greffe sur la «nouvelle philosophie» de Francis Bacon, où la collecte des «faits» et l'application de la méthode inductive comme outil épistémologique triomphent du respect de la tradition et du raisonnement déductif. Le second courant, parent du premier, a été admirablement commenté par Svetlana Alpers, dans son *Art of Describing: Dutch Art in the 17th Century*. L'auteure affirme que, dans la Hollande du dix-septième siècle, les traditions picturales et artisanales établies sont solidement étayées par les nouvelles sciences et techniques expérimentales, pour faire de l'image le truchement d'une connaissance nouvelle et exacte du monde.[2] Au fil de sa réflexion sur Constantjin Huygens et sur ses écrits en art et en science, Alpers souligne la fonction descriptive que le penseur hollandais assigne à la représentation picturale. Exempte des oeillères du savoir consacré, celle-ci est garante de nouveaux horizons, à caractère unique.[3]

Voilà le sens que donne Edwards à l'«imagerie». L'illustration cesse d'être simple accessoire de la description verbale ou pur élément décoratif; elle se mue en un mode fidèle de transmission de données sur les phénomènes naturels. Pour livrer une description recevable, l'illustration doit cependant obéir à une condition absolue, celle de l'*exactitude*. Dans un poème destiné à un ouvrage de 1667 sur l'histoire de la Royal Society, Abraham Cowley reprend les canons de l'art suivant Bacon:

> Qui de la Nature espère une Réplique exacte tirer,
> Nullement ne doit à d'autres Interprètes se fier;
> Ni à Vandyke ni à Rubens emprunter contenance
> Et, particulièrement, ne trouver suffisance
> Dans les Phantasmes et Constructions
> De sa Mémoire ou de son Imagination.
> Non, car son regard doit prendre comme aliment
> L'Être naturel et la Chose vivante uniquement;
> L'Objet réel doit régner en Souverain
> Sur tout élan de l'Oeil et de la Main.[4]

Lorsqu'Edwards dédie sa *Natural History* au président et aux membres de la Royal Society, il ne manque donc pas d'inscrire en page de titre que ses sujets, plantes, oiseaux et animaux, ont dûment été «copiés d'après Nature et coloriés sur le Vif».

Mais copier d'après nature n'est pas aussi facile que le laisse entendre Cowley. Percevoir et décrire clairement n'est certes pas chose simple. En effet, ce que l'on voit dépend de ce que l'on sait et de ce que l'on juge significatif. Les conventions du métier permettent aux artistes d'employer traits et couleurs pour rendre des objets que, pour notre part, nous voyons de la manière dont nous y sommes accoutumés. Les exigences de la science nouvelle, au seizième et au dix-septième siècle, poussent les artistes à inventer une nouvelle règle de représentation, qu'adopteront Edwards et ses successeurs pour leurs illustrations d'histoire naturelle.

Avant le seizième siècle, l'illustration informative n'est pas courante en histoire naturelle. Cela est dû à la fois aux difficultés techniques de la reproduction des dessins et à l'absence d'intérêt pour la représentation visuelle des phénomènes naturels. Ce n'est qu'au seizième siècle que les naturalistes commencent à délaisser l'analyse classique des Dioscoride et Pline l'Ancien pour se consacrer à l'observation directe de la flore et de la faune et à la description de première main. Konrad Gesner, auteur de l'ouvrage encyclopédique *Historia Animalium* (1551 – 1558), insiste sur la précision de l'image, «pour que les élèves puissent mieux reconnaître les objets qui ne peuvent être décrits précisément par le langage»[5]. Aussi ses ouvrages *Historia* et *De rerum fossilium* (1565) renferment-ils une profusion de bois gravés. Gesner est aussi un des premiers naturalistes qui, ayant des correspondants dans toute l'Europe, peuvent échanger des observations pour les compiler et s'inviter à voir leurs collections respectives. Le livre illustré devient alors une sorte de cabinet ou de musée mobile, de consultation commode.

7a

Lorsque les illustrateurs de Gesner décrivent des fossiles ou des animaux connus, chevaux ou chiens par exemple, leurs dessins sont à la fois charmants et utiles pour l'identification. La difficulté survient quand les artistes des quinzième et seizième siècles abordent l'inusité, le jamais vu. Rares sont alors les graveurs sur bois qui peuvent, comme leurs successeurs du dix-huitième siècle en auront le loisir, faire des voyages pour documenter leurs sujets d'histoire naturelle. Ils n'ont pas non plus la ressource des grandes collections, dont la constitution et la classification débutent à peine. Ils doivent se contenter d'une description verbale, souvent sommaire et inexacte. C'est la filière dont est issu le «lagophus» du *Hortus sanitatis*, édition de 1491. Le ptarmigan prend ici la forme d'un lièvre ailé. Cet animal, dont les pieds ressemblent à ceux du lièvre mais sont couverts de plumes, a reçu le nom de *lagopède* («semblable au pied de lièvre»), ce que l'artiste a pris à la lettre. Ce problème de la représentation d'êtres inconnus à partir de descriptions verbales ne se pose pas uniquement à cette période. En fait, ce n'est qu'au dix-neuvième siècle que les artistes ont facilement accès aux spécimens ou à des croquis pour étoffer la description et le souvenir. La nécessité de documenter les réalités naturelles du Nouveau Monde a pourtant contribué à intensifier à la fois l'usage de l'illustration comme support majeur du texte descriptif et la recherche de l'exactitude dans la description des réalités étrangères.

On est tenté de voir, dans l'histoire de la représentation des sujets naturels, une progression continue, de l'imaginatif ou du fantaisiste au rendu exact. Il m'apparaît plutôt, à la lumière des remarques ci-dessus, que la fidélité de la représentation demandait que l'artiste ait accès à des spécimens en bon état. Ajoutons que cette fidélité était encore fonction de la compétence du dessinateur, du graveur ou du peintre, ainsi que du conditionnement de l'oeil à percevoir d'une manière donnée. Pendant une bonne partie de la période visée par l'exposition, les spécimens dont dispose l'artiste empêchent toute fidélité de représentation. Cela est particulièrement vrai en ce qui concerne la faune du Nouveau Monde. Pour la flore, les artistes ont la tâche beaucoup plus facile. De nombreuses familles de végétaux croissent dans le monde entier, de sorte que le naturaliste peut aisément reconnaître les plantes apparentées, des deux côtés de l'Atlantique. En 1618 – 1619, par exemple, l'explorateur norvégien Jens Munk, qui hiverna à la baie d'Hudson, reconnut des mûres jaunes et des groseilles semblables à celles de son pays.[6] En outre, les premiers explorateurs, dont beaucoup

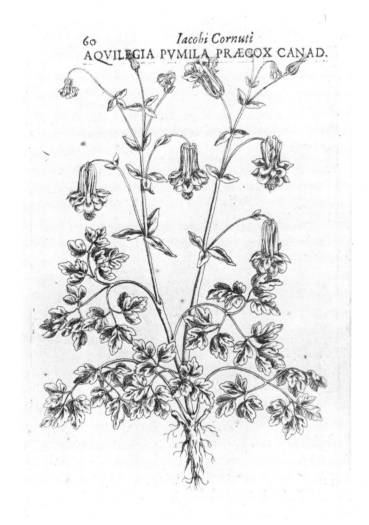

5

avaient un vif intérêt pour les vertus thérapeutiques des plantes, recueillirent des échantillons destinés aux jardins botaniques de Paris, de Londres et de Madrid. Dès le début du dix-septième siècle, le jardin royal de Paris comptait des thuyas occidentaux et des érables à sucre, sans doute rapportés par Cartier. Très tôt il s'établit, de part et d'autre de l'Atlantique, un florissant commerce de semences et de boutures, qui approvisionnait en plantes rares et exotiques les riches jardins des princes et de naturalistes tels que John Evelyn et Charles de Lécluse (Clusius).

En 1635 déjà, Cornut était en mesure de constituer un herbier nord-américain, illustré avec précision, d'après les spécimens des jardins botaniques d'Europe ou de ceux qui lui étaient envoyés à l'état séché (*hortus siccus* ou herbier), et qu'il comparait avec des exemplaires européens vivants, du même genre ou de la même espèce. La tâche était beaucoup plus ardue pour ceux qui cherchaient à dépeindre les oiseaux, les poissons et les insectes du Nouveau

Monde. Les plus belles réussites revenaient, bien entendu, à ceux qui avaient la chance de croquer leurs sujets sur place. Mark Catesby, dans la préface de la *Natural History of Carolina ...* (1731 – 1743), explique sa façon de faire:

Pour le dessin des plantes, je me servais toujours de spécimens frais, qui venaient d'être cueillis; quant aux animaux, aux oiseaux surtout, je les peignais vivants (à très peu d'exceptions près) et leur donnais l'allure propre à leur famille ... En ce qui concerne les poissons, qui ne conservent pas leurs couleurs hors de leur élément, je les peignais à des moments différents, en remplaçant au fur et à mesure ceux qui perdaient leurs couleurs ... Les reptiles peuvent se passer de nourriture pendant plusieurs mois, de sorte que je n'avais aucune difficulté à les peindre vivants.[7]

Peu d'artistes eurent la bonne fortune de Catesby. Edwards peignait d'après les spécimens vivants s'il le pouvait, mais, n'étant jamais allé en Amérique du Nord, il devait se contenter de ceux qui avaient été importés en Angleterre pour les ménageries privées, dont la volière de R.M. Massey, à Stepney, qui s'enorgueillissait d'un pygargue à queue blanche de la baie d'Hudson. Le plus souvent, il devait recourir aux spécimens de conservation expédiés à des amateurs tels que Sir Hans Sloane (fondateur du British Museum et pour qui Edwards travailla pendant des années). L'art de la préservation en était encore à ses débuts. Si les spécimens résistaient aux aléas du long voyage en mer, les artistes ne pouvaient tout au plus que travailler à partir de peaux séchées et d'animaux salés ou conservés à l'alcool et au vernis. Dans ces conditions, il est difficile - quasi impossible - de se faire une idée de l'allure et des poses caractéristiques de l'animal, et les artistes savaient très bien que cela ne les servait pas.[8] Thomas Pennant, auteur de l'*Arctic Zoology* (1792), admet volontiers que, à la différence de Willughby (auteur, avec John Ray, d'une ornithologie britannique parue en 1676), sa façon de faire laissait à désirer:

Ce qu'il [Willughby] aurait accompli grâce à l'examen, dans leur pays d'origine, de ses sujets, je dois me contenter de le faire beaucoup moins parfaitement, à partir de spécimens préservés; j'offre ainsi au monde des exemples d'histoire naturelle, recueillis auprès d'auteurs et d'amateurs qui ne se sont pas peu souciés de leurs particularités.[9]

L'ouvrage de Pennant cite de nombreux auteurs, dont le naturaliste suédois Pehr Kalm, le voyageur français qu'est le père Charlevoix, l'explorateur de l'Arctique Henry Ellis ainsi que Mark Catesby. Il ne ménage pas non plus les allusions à l'aide généreuse qu'il a reçue de personnages tels que Samuel Hearne, Thomas Hutchins et Andrew Graham, de la Compagnie de la Baie d'Hudson.[10] Il fait aussi mention de Sir Ashton Lever, qui lui a permis d'examiner ses trésors de beaucoup plus près que ne pouvaient généralement le faire les visiteurs de son splendide musée.[11]

Non seulement les artistes ne disposaient pas d'un matériel idéal mais, dans beaucoup de cas, il leur manquait le talent ou la formation qui leur aurait permis d'insuffler un peu de naturel à des spécimens inanimés. Eleazar Albin, Mark Catesby et George Edwards étaient tous autodidactes. Voici comment Edwards décrit ses débuts:

Ce sont les oiseaux qui ont d'abord retenu son attention; s'étant procuré certaines des meilleures représentations de ces sujets, il a été tenté d'en réaliser lui-même quelques dessins; ces derniers furent admirés par les curieux, qui encouragèrent notre jeune naturaliste à persévérer en lui payant bon prix ses premiers travaux.[12]

Le «curieux», en l'occurrence, c'était Sir Hans Sloane. Catesby joua aussi un certain rôle auprès du débutant:

À la pensée de ce labeur, j'ai d'abord été démoralisé, vu les dépenses considérables occasionnées par la gravure, l'impression et bien d'autres choses, c'est-à-dire des coûts certains et des recettes assez improbables, jusqu'à ce que mon cher ami M. Catesby me suggère de graver les planches moi-même, ainsi qu'il l'avait fait pour tous ses travaux ...[13]

Catesby explique que, lui-même autodidacte, il a gravé ses propres planches: «Je n'ai pas procédé tout à fait comme les graveurs et n'ai pas adopté leur méthode du hachurage; j'ai plutôt reproduit l'aspect capricieux des plumes, ce qui est plus laborieux, mais également, je l'espère, plus conforme à l'objectif.»[14]

Catesby et Edwards ont sans doute eu raison de s'initier aux techniques de la gravure et de l'eau-forte, car la reproduction du dessin n'allait pas sans mal. Jusqu'au dix-septième siècle, la principale méthode de reproduction était la gravure sur bois, graduellement supplantée par la gravure sur cuivre ou eau-forte, plus durable. Peu d'artistes maîtrisaient le processus complexe du tirage d'imprimerie et maints auteurs, dont le baron de Lahontan, déploraient que le produit fini ait si peu de ressemblance avec le dessin original. Cet auteur remarque, dans l'édition anglaise de 1703 de ses *Mémoires de l'Amérique Septentrionale*, qu'il a «corrigé la quasi totalité

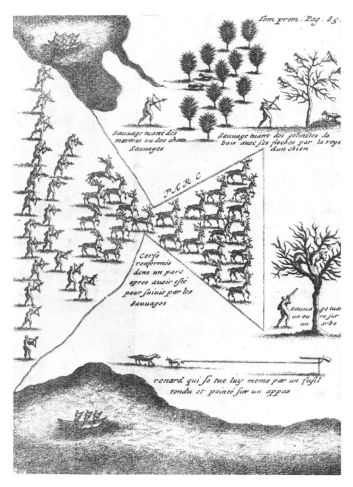

Within the engraving:

Tom. prem. Pag. 85.

Sauvage tuant des
martres ou des chats

Sauvage tuant des foüinies ou
bois auec ses flesches par la roye
d'un chien

Sauuages

PARC

Cerfs
renfermés
dans un parc
apres auoir esté
poursuiuis par les
sauuages

Sauuage qui tue
un ou re sur
un arbre

renard qui se tue luy meme par un fusil
tendu et pointé sur un appas

9a

des gravures de l'édition hollandaise, car les graveurs hollandais les ont massacrées, n'ayant pas compris les directives, qui étaient rédigées en français».[15] Linné, dans sa *Philosophia botanica* (aphorisme 332), déclare aussi que le concours de tous, botaniste, peintre et graveur, est nécessaire à la réussite d'une illustration et qu'une défaillance chez l'un d'eux suffit à en compromettre l'aboutissement.[16]

En ce qui touche la fidélité de la représentation, une autre question, beaucoup plus complexe, est celle de l'exactitude de la perception. Du seizième au dix-huitième siècle, les artistes-naturalistes pratiquèrent un mode de représentation qui était étroitement lié aux courants scientifiques du temps. Non seulement comprenait-on mieux l'importance de l'image pour la diffusion de l'information, mais encore, ce qui était tout aussi important, une nouvelle conception du contenu scientifique de l'image prenait forme.

Lorsqu'ils le voulaient, les artistes savaient dépeindre plantes, insectes et animaux avec un soin particulier et une minutie toute photographique. L'aquarelle *Das Grosse Rasenstück* d'Albrecht Dürer est un excellent exemple

d'une observation attentive, tout comme ses admirables aquarelles de fleurs, peintes de 1503 à 1505. Les enluminures du Livre d'heures de Hastings, réalisées à l'aquarelle sur vélin vers 1480, témoignent aussi d'une grande dextérité dans la représentation des fleurs et des insectes. Ce que Dürer accomplit dans ses aquarelles (comme Vinci dans ses croquis de plantes et le Parmesan dans son pastel d'un aigle), ce sont des *portraits* d'objets naturels. Le portrait cherche, en effet, à faire ressortir les traits particuliers du modèle. Le pré de Dürer ne peut être confondu avec aucun autre. Chacune des plantes y figure de façon identifiable et unique. Dürer a soigneusement observé et représenté brillamment, mais les questions qu'il se posait étaient bien différentes de celles que se pose le naturaliste. En savant, ce dernier se demande comment il pourra reconnaître, non pas une plante donnée, mais ce type de plante. Autrement dit, le naturaliste cherche à représenter le générique, et non le particulier.

La voie vers cette consécration du générique n'a pas toujours été sans détours. L'évolution des herbiers illustrés du quinzième au seizième siècle préfigure les changements qui se produiront au dix-septième. Les premiers herbiers imprimés de la fin du quinzième siècle comprennent des bois gravés primitifs, inspirés de manuscrits médiévaux mille fois recopiés et qui n'ont qu'un rapport lointain avec les plantes elles-mêmes. Il s'agit en réalité d'aide-mémoire pour les usagers qui, vraisemblablement en apprentissage, allaient acquérir leur métier surtout en l'exerçant. On retrouve les premières représentations exactes de plantes dans un herbier de 1530, l'*Herbarium vivae eicones* («Images des plantes selon nature»). L'illustrateur en est Hans Weidetz, élève de Dürer, et, comme chez le maître, les images y sont des «portraits» appliqués, qui comprennent jusqu'à des feuilles mortes ou desséchées. *De Historia Stirpium* (1542) de Leonhart Fuchs est le premier herbier où paraît une version relativement stylisée de la plante, pouvant servir à reconnaître tout membre de son groupe, puisqu'elle est constituée de ce qui, pour les herboristes, sont les traits caractéristiques essentiels.[17]

Svetlana Alpers suggère que, au dix-septième siècle, il est survenu un changement radical dans la façon dont la science se constituait.[18] Antérieurement, la connaissance prenait pour base l'analogie. L'herboriste, par exemple, recherchait des plantes ressemblant à certaines parties du corps, car il supposait qu'elles avaient été mises sur terre pour soulager les maux des hommes. Cette notion tenait à une vue très ancienne, anthropocentrique, du monde naturel qui, ainsi que le relève Keith Davies dans *Man and the Natural World*, allait être balayée par les naturalistes des années 1600:

À un monde naturel regorgeant de significations symboliques et d'analogies avec l'humain, en accord avec le comportement de l'homme, ils ont substitué un décor naturel relevant d'un ordre distinct, à observer et à étudier de l'extérieur, comme par une fenêtre, sachant de façon certaine que les objets de la contemplation existent dans leur propre univers et ne présentent aucun signe, présage, message ou signification pour l'être humain.[19]

Les principes d'organisation fondés sur l'analogie cèdent le pas aux nouveaux schèmes de classification des naturalistes, que Davies qualifie «d'ambitieuses tentatives d'imposer un ordre nouveau, rationnel, au monde naturel»[20]. Ce nouvel ordre rationnel insiste notamment sur la diversité. Les classificateurs des dix-sept et dix-huitième siècles cherchent à différencier, à faire ressortir les points de divergence et non les similitudes, pour multiplier, à toutes fins pratiques, le nombre des entités. Les êtres et les choses sont reliés, non par leur identité, mais par l'accumulation graduelle des particularités, qui composent les types. Dans un effort de clarification des rapports entre entités distinctes, Linné en arrive à l'aphorisme célèbre de sa *Philosophia botanica* (1751):

Voilà l'unique exigence du botaniste.
La nature ne procède pas par à-coups.
Toutes les classes et ordres manifestent des rapports de tous les côtés, à la façon des pays sur une carte du monde.[21]

Les idées de Linné sur la nature de la classification constituent tout un programme, non seulement pour les savants mais encore pour les artistes. Selon Staffleu, «Linné est persuadé que la description exhaustive est anti-taxinomique et même trompeuse, le caractère distinctif ne faisant état que des seuls détails pertinents. L'objectif est de dégager les traits essentiels, atemporels; tout le reste est superflu car il va de soi, découlant de l'essence, à l'instar d'une conséquence logique.»[22] Pour les artistes, il ne suffisait plus, comme à l'époque de Gesner, de figurer un ours représentatif de tous les ours; il était important de montrer de quelle façon chaque type d'ours diffère des autres types. Et, précisément parce que les sujets sont des types, ils ne peuvent représenter, à la façon de Weidetz, le particulier. Les artistes devaient percevoir, dans le spécimen qu'ils avaient sous les yeux, les «traits distinctifs» qui caractérisaient tous les membres du groupe. Par l'illustration, donc, les artistes cherchaient à cerner, comme Edwards l'indiquait par sa figure du Temps soutenant le chevalet,

les «fondements atemporels» des choses. Le trait pertinent pour l'identification était accentué et devenait manifeste. La représentation était fidèle, non au sujet individuel, mais à l'espèce. Ainsi des autres illustrateurs en botanique représentèrent-ils simultanément, d'une façon tout atemporelle et sans aucun respect pour la réalité naturelle, des fleurs, des fruits et des feuilles sur la même tige.

Vers le milieu du dix-huitième siècle, moment où Edwards réalisa son frontispice, les conventions régissant la représentation de la flore et de la faune étaient déjà établies et allaient dominer jusqu'au milieu du dix-neuvième siècle; la théorie de Darwin sur l'importance de l'habitat introduisit alors un pôle nouveau dans l'art du naturaliste.

LES CONVENTIONS DE L'ILLUSTRATION EN HISTOIRE NATURELLE

Les conventions qui guidèrent la main d'Edwards, de ses collègues et de ses successeurs – dont Catesby, Parkinson (l'artiste-naturaliste des voyages de Cook), Paillou (l'illustrateur de la collection de Taylor White) et Georg Ehret (réputé comme le plus grand des peintres de plantes du dix-huitième siècle) – tenaient davantage de la science que de l'art, comme Edwards le montre dans son frontispice. Catesby déplore son manque de formation mais prétend que ses méthodes d'autodidacte conviennent peut-être mieux aux fins de l'histoire naturelle:

Comme je n'ai pas de formation en peinture, j'espère que certains défauts de perspective et autres manques me seront pardonnés, d'autant qu'il me paraît, en toute humilité, que la reproduction des plantes et éléments semblables, dans une manière terne mais exacte, pourra servir les buts de l'histoire naturelle, mieux même, jusqu'à un certain point, qu'un style plus original et plus esthétique.[23]

Edwards est du même avis et souligne que, depuis le moment où il a commencé à dessiner des animaux et à les colorier, une stricte attention à la beauté naturelle plutôt qu'au pittoresque a fait l'objet de tous ses soins.[24] Peter Paillou, qui avait peint certains oiseaux et animaux pour Thomas Pennant, se fit reprocher par ce dernier d'être «trop porté à affubler ses sujets de couleurs voyantes»[25]. Taylor White, employeur de Peter Paillou et Charles Collins, insistait pour que les sujets soient dépeints grandeur nature. Effectivement, selon Linné, une identification exacte demande que l'illustration «soit de grandeur nature et montre les différentes parties bien à leur place, et elle doit représenter les détails même les plus minuscules de la fructification»[26]. Pour le savant et le collectionneur, l'exigence de l'exactitude dans le rendu dépasse la simple préférence. Selon l'observation d'Anker dans son ouvrage *Bird Books and Bird Art*, de mauvaises méthodes de préservation ont fait que, «jusqu'à la fin du dix-huitième siècle, les oiseaux indigènes et exotiques ont, dans bien des cas, été nommés sur la foi de représentations non publiées»[27].

Les conventions établies pour la représentation de la flore et de la faune valaient également pour le paysage. Dans une lettre à Joseph Banks, à propos d'un projet de voyage en Laponie, Thomas Falconer se montre sévère à l'endroit de ceux qui, pendant leur tour d'Europe, se contentent d'une plate représentation des villes et des monuments, qui n'exprime rien sinon l'uniformité la plus fastidieuse. Il encourage Banks à consigner plutôt l'apparence de la nature, qui est diverse sous tous les cieux:

«Si votre dessinateur teintait son dessin, cela indiquerait la couleur du sol et de la végétation ainsi que la nature des rochers, et nous permettrait d'avoir une bonne idée du pays, ce qu'aucune description ne réussit à faire.»[28]

Falconer ajoute ensuite qu'un point de vue scientifique aussi bien que la compétence artistique sont nécessaires à l'exactitude de la représentation:

La précision des dimensions et la dextérité d'un artiste compétent sont des atouts précieux, car, lorsque nous jugeons à partir d'une représentation, nous nous formons une opinion par l'intermédiaire d'un autre, dont le jugement est coloré par toutes les choses qu'il a vues ... Il est donc primordial, dans l'intérêt de la véracité, de dessiner les objets selon un étalon commun, universel.[29]

Dans ces passages, Falconer suggère que l'image, plutôt que la description verbale, est une forme de communication fiable, au service de la vérité. La mesure de cette fiabilité dépend toutefois de la «précision de l'étalon», ce sur quoi il sait pouvoir compter chez un savant du calibre de Banks. La loi scientifique est la seule «jauge commune» et elle universalise la perception individuelle. La formule préconisée par Falconer aurait comblé le voeu qu'exprime le botaniste suédois Pehr Kalm, dans une lettre adressée à William Bartram en 1750:

... certains voyageurs exagèrent tout ... Cette fantaisie m'a causé bien des déceptions dans mes voyages, car j'ai rarement eu l'occasion de voir les phénomènes extraordinaires que

d'autres avaient relatés. Pour ma part, je ne recherche pas le *merveilleux*, je préfère voir et décrire les choses telles qu'elles sont.[30]

En fait, ces doléances font écho à la remarque de l'inspecteur général du collège militaire de Marlow: «Tout ce qui est rédigé se plie nécessairement à la mentalité du rédacteur. Le croquis d'un plan ou d'un levé ne laisse, au contraire, aucune place à la subjectivité.»[31]

La tradition militaire du paysage cartographié fut une ressource précieuse pour Thomas Davies et George Back, lorsqu'ils cherchèrent à décrire un nouveau paysage naturel. Il allait de soi que leurs croquis et aquarelles possédaient une valeur non seulement esthétique mais, ce qui importait davantage, documentaire. Bernard Smith, dans son ouvrage *European Vision and the South Pacific* avance que c'est «la nécessité de découvrir et d'exprimer l'élément typique» qui est à l'origine du mode prédominant en peinture de paysage du dix-neuvième siècle. Il croit que les «grandes catégories des sciences descriptives» ont fourni aux peintres européens les moyens de «décrire et de donner un sens» aux paysages exotiques du Pacifique du Sud[32] et, très certainement, à ceux de l'Arctique et des Prairies de l'Amérique du Nord.

CONCLUSION

Nous pourrions aujourd'hui mettre en doute le caractère objectif dévolu à l'illustration; mais, au début du dix-neuvième siècle, on pensait que la vérité scientifique pouvait être concrétisée par un dessin correctement exécuté. Dans son compte rendu à l'Académie des sciences de l'ouvrage d'Audubon *Oiseaux d'Amérique*, Cuvier, le grand classificateur du dix-neuvième siècle, expose très bien la distinction qu'il faut faire entre les conventions de l'artiste et celles du savant:

Il a réalisé l'ouvrage à ce double titre d'artiste et de savant ... L'exécution de ces planches, remarquables par leur dimension, semble également réussie sur les plans du dessin, de la gravure et du coloris. Et, bien qu'il soit difficile, en illustration, de colorer de façon à donner aux perspectives autant d'effet qu'en peinture proprement dite, cela n'est aucunement un défaut en histoire naturelle. Les naturalistes préfèrent la couleur réelle des objets aux teintes passagères conférées par les reflets et nécessaires à la représentation pittoresque, mais qui sont étrangères et même préjudiciables à la vérité scientifique.[33]

À bien des titres, il y a opposition entre les règles de l'illustration scientifique et les règles esthétiques. Audubon et les peintres naturalistes fuyaient tout pittoresque, alors que, pour des artistes tel Sir Joshua Reynolds, le filtre de l'imagination est essentiel:

Le peintre de paysage doit faire une étude «anatomique» (si je peux me permettre la métaphore) de tous les objets qu'il représente; mais s'il veut mettre ces études à profit, sa virtuosité et son génie le porteront à l'effet global – car il s'adresse à l'imagination et non à la curiosité, et il destine son oeuvre non au virtuose ou au naturaliste, mais au simple observateur de la nature et de la vie.[34]

Les oeuvres réunies dans cette exposition témoignent d'une vision du Canada orientée par les conventions de l'image d'histoire naturelle. Dans ces oeuvres, il y a effort de représentation, non de «l'effet général», mais du typique et du particulier. En ce sens, il s'agit de tentatives chez les artistes d'exprimer leurs premières réactions objectives devant une contrée nouvelle. Les images sont empreintes d'une fraîcheur qui, pour Barbara Stafford, sourd de la «candeur du regard»: «L'étude scientifique restitue la candeur du premier regard posé sur la création. À la découverte de forêts vierges et de régions éloignées, loin de toute civilisation, le voyageur transmet l'image d'un monde originel, dans toute sa verdeur ... »[35]

Vers la fin du dix-neuvième siècle, le Nouveau Monde perd de son charme primitif aux yeux des Européens. Parallèlement, le photographe commence à remplacer l'artiste-naturaliste dans le rôle d'observateur impartial de la nature. Mais, parce que le photographe est chaque fois face à l'individuel, jamais au «type», l'artiste-naturaliste continue à occuper une place privilégiée dans le monde de la science, et dans l'art qui continue à refléter ses préoccupations.

REMARQUE SUR L'UTILISATION DU DOCUMENT MATÉRIEL EN HISTOIRE

Les historiens ont un penchant pour les mots et l'histoire est, le plus souvent, le fruit d'une analyse de discours – textes, lettres, journaux intimes, notes de conversations. Les images sont considérées moins comme des sources d'information originale que comme des illustrations de la description verbale. Si l'on se penche sur les images qui composent le corpus visuel de l'histoire naturelle canadienne, il importe de savoir que, dans nombre de cas, l'image constituait l'essentiel et que le texte était accessoire. D'après l'étude de Martin Rudwick sur le langage visuel en géologie, ce serait un travers bien contemporain que de déprécier le sens et la place de l'illustration dans l'histoire des sciences:

L'étude du rôle épistémologique de la représentation visuelle dans la science du début du dix-neuvième siècle pourrait, de modeste façon, aider à réfuter l'idée condescendante et très répandue que les modes visuels de communication sont un pis-aller, partage des esprits médiocres, ou encore un moyen d'affrianter une génération abêtie par la télévision.[36]

Comme William Ivins l'explique, les préjugés qui règnent en histoire de l'art même, où la gravure a un rang accessoire, ont empêché de reconnaître la valeur capitale de l'estampe comme médium de communication. Les écrits ont de tous temps connu une diffusion restreinte tandis que les images sont, elles, d'un accès universel. La parcimonie des graveurs et des imprimeurs a aussi amplifié la portée de l'estampe. En effet, une foule d'entre eux réemployaient les plaques, les regravaient et procédaient à de nouveaux tirages d'une même gravure. Au fil du temps, la persistance d'une image gravée a accru son impact sur l'imaginaire collectif.

Cette discipline de l'histoire incite également à voir dans le document matériel un témoignage d'un autre ordre. Henry Glassie déclare que, en examinant les vestiges matériels des habitations, il veut, à l'instar de Ruskin dans ses recherches sur les cathédrales européennes, «cerner l'architecture mentale du passé – tenter de reconstituer la logique de générations disparues depuis longtemps»[37]. En regardant avec attention les images qui ont permis aux naturalistes et aux savants, aux scientifiques et aux explorateurs, aux collectionneurs et aux autres amateurs de la bonne société de se familiariser avec le monde naturel, nous pourrons, à notre tour, mieux comprendre la façon dont ils ont vu ce monde.

1 Bernard Smith, *European Vision and the South Pacific*, New Haven, Yale University Press, 1988, p. 339.

2 Svetlana Alpers, *The Art of Describing : Dutch Art in the 17th Century*, Chicago, University of Chicago Press, 1983, p. xxv.

3 Alpers, p. 7.

4 Voir Alpers, p. 79.

5 Voir Martin J.S. Rudwick, *The Meaning of Fossils. Episodes in the History of Palaeontology*, Londres, Macdonald, 1972, p. 6.

6 Jens Munk, *The Journal of Jens Munk, 1618 – 1620*, W.A. Kenyon (dir.), Toronto, Musée royal de l'Ontario, 1980, p. 46.

7 Voir Martina R. Norelli, *American Wildlife Painting*, New York, 1975, p. 61.

8 Même lorsqu'il s'agit d'animaux comme le caribou et le castor, qui ont des équivalents européens, peu d'artistes avaient eu l'occasion de voir ces derniers de leurs yeux.

9 Thomas Pennant, *Arctic Zoology*, Londres, 1792, 2e édition.

10 M. Graham a envoyé deux spécimens à la Royal Society ... » (vol.II, p. 42, Bruant des neiges); «M. Hutchins l'a souvent observé au fort Albany ... » (vol. I, p. 333, Faucon gerfaut). Extraits de Pennant, 1792.

11 Pennant, vol. I, p. 2

12 George Edwards, *A Natural History of Uncommon Birds and Some Other Rare and Undescribed Animals, Quadrupeds, Reptiles, Fishes, Insects, etc.*, Londres, 1743, p. 2.

13 Voir l'introduction de *Gleanings of Natural History* (1758), citée par A.M. Lysaght, *The Book of Birds*, Londres, Phaidon Press, 1975, pl. 77.

14 Voir Norelli, p. 69.

15 Voir W.P. Cummings et coll., *The Exploration of North America*, 1974, p. 201n.

16 Frans A. Stafleu, *Linnaeus and the Linnaeans. The Spreading of their Ideas in Systematic Botany, 1735 – 1789*, Utrecht, 1971, p. 78.

17 On peut aussi supposer que l'herbier de Fuchs a été publié à un moment où l'on avait commencé à reconnaître l'importance de l'imprimé comme moyen de transmission de connaissances qui ne s'acquéraient auparavant que par l'expérience sur le terrain.

18 Alpers, p. 79.

19 Keith Thomas, *Man and the Natural World. Changing Attitudes in England 1500 – 1800*, Harmondsworth, Penguin, 1984, p. 89.

20 Thomas, p. 65.

21 Stafleu, p. 45.

22 Stafleu, p. 52.

23 Cité par Norelli, p. 61.

24 Edwards, p. 2.

25 Pennant, dans *Literary Life* (1793), cité dans A.M. Lysaght, *Joseph Banks in Newfoundland & Labrador, 1766, His Diary, Manuscripts and Collections*, Berkeley, University of California Press, 1971, p. 104.

26 Stafleu, p. 37.

27 Jean Anker, *Bird Books and Bird Art*, New York, Arno Press, 1974 (réimpression de l'édition de 1938, parue à Copenhague), p. 29.

28 Voir Bernard Smith, op.cit., p. 12.

29 Smith, p. 14.

30 Voir William Bartram, *Observations on the Inhabitants, Climate, Soil, Rivers, Productions, Animals, and other matters worthy of notice ...*, Londres, 1751, p. 84.

31 Michael Clarke, *The Tempting Prospect. A Social History of English Watercolours*, Londres, British Museum Publications, 1981, p. 96. Ce sont les artistes de la veine topographique, formés aux méthodes des académies militaires et navales, qui ont constitué ce que Martin Rudwick appelle «une tradition artistique propice» à l'illustration en géologie.

32 Smith, op. cit., p. ix-x.

33 Voir Buchanan, p. 137.

34 Reynolds, *11th Discourse* (1782), cité par Smith, op. cit., p.111. Smith prétend néanmoins que le naturaliste a exercé une influence profonde sur l'artiste. Il suggère que le naturalisme analytique, issu de l'esprit scientifique, a transformé le caractère de la peinture de paysage au dix-neuvième siècle.

35 Barbara Maria Stafford, *Voyage into Substance : Art and Science and the Illustrated Travel Account, 1760 – 1840*, Cambridge (Mass.), MIT, 1984, p. 53.

36 Rudwick, p. 150.

37 Henry Glassie, *Folk Housing in Middle Virginia*, Knoxville, University of Tennessee Press, 1975, p. vii.

55

The Exhibition L'exposition

The exhibition *First Impressions* is divided into four sections, each reflecting a particular era in the depiction of Canada. 'The New Worlde Describ'd' looks at the very first images of the natural productions of the country as they were presented to Europeans in the sixteenth and seventeenth centuries. 'Curiosities of the New Land' reveals both a greater knowledge of the flora, fauna, and geography of Canada and a greater interest in natural phenomena, in keeping with the shift in popular understanding of science from the late seventeenth through the eighteenth century. 'The Expeditions' represents perhaps the peak of the eighteenth-century spirit in depicting the exotica of little known lands. Finally, the section 'The Naturalists' reveals the extraordinary interest in the minutiae of the natural world shown by a vast number of people from the late eighteenth through the nineteenth century.

The catalogue entries follow a standard exhibition format. The size of books is indicated by a single dimension (the maximum). Since different plates from the books will be on display in different venues, several plate entries may be included for each volume on display.

L'exposition *Premiers regards* comprend quatre volets, chacun correspondant à une étape particulière de la représentation du Canada. «Vignettes du Nouveau Monde» présente les toutes premières images des êtres et des choses du pays tels qu'ils sont apparus aux Européens des seizième et dix-septième siècles. «Curiosités des terres nouvelles» témoigne de meilleures connaissances de la flore, de la faune et de la géographie du Canada ainsi que d'un plus grand intérêt pour les phénomènes naturels, ce qui correspond à l'engouement général pour la science qui a marqué la fin du dix-septième et tout le dix-huitième siècle. «Les expéditions» projette ce qui est peut-être la quintessence de l'esprit dix-huitième, par des images pittoresques de contrées encore mystérieuses. Enfin, «Les naturalistes» reflète l'intérêt extraordinaire qu'une multitude de gens, dès la fin du dix-huitième et pendant tout le dix-neuvième siècle, accordaient aux moindres détails du monde naturel.

Les notices du catalogue suivent la présentation habituelle. La taille des livres est indiquée par une seule dimension (la plus grande). Puisque les planches de livres exposées changeront avec le lieu d'exposition, les volumes exposés donneront parfois lieu à plusieurs notices.

Drawing by Louis Nicolas, from the *Codex Canadensis* (ca 1700). (Original not in exhibition.)
Thomas Gilcrease Institute of American History and Art, Tulsa, Oklahoma

Louis Nicolas, a Jesuit missionary, began his travels in New France in 1664, the year that François du Creux's *Historiae Canadensis* appeared. Nicolas prepared a number of drawings from his first-hand experience of the animals and plants of New France to illustrate his book *Histoire naturelle des Indes occidentales*. His drawings, which were never published, appear at first fanciful, almost calligraphic doodlings. Upon closer examination, however, some show great skill in the difficult task of delineating feathers and fur. Many of the drawings are derived from engravings of the period. The beaver is competently drawn; yet like many early illustrations of the beaver from Gesner on, it has a relatively ferocious expression, perhaps as a result of the fact that once specimens are dried, the lips tend to shrink and pull back, making the animal's teeth even more prominent.

The original drawings are housed at the Thomas Gilcrease Institute of American History and Art in Tulsa, Oklahoma. A facsimile copy of 1930 is in the collections of the National Archives of Canada.

Dessin, tirée du *Codex Canadensis* de Louis Nicolas, vers 1700.
Thomas Gilcrease Institute of American History and Art, Tulsa, Oklahoma

Louis Nicolas, missionnaire jésuite, commença ses voyages en Nouvelle-France en 1664, année de parution de l'*Historiae Canadensis* de François du Creux. Nicolas avait tiré de ses propres observations un certain nombre de dessins de plantes et d'animaux de Nouvelle-France, pour illustrer son ouvrage *Histoire naturelle des Indes occidentales*. Ses dessins, qui n'ont jamais été publiés, semblent fantaisistes au premier coup d'oeil, des sortes de gribouillis informes. À l'examen, toutefois, certains démontrent une grande habileté dans le tracé précis des plumes et du poil. Beaucoup de ces dessins s'inspirent de gravures de la période. Le castor est adroitement dessiné, mais, comme beaucoup des premières représentations du castor chez Gesner et ses successeurs, il a une expression assez féroce, peut-être parce que, une fois les spécimens séchés, le bas du masque se contractait en un rictus, mettant en évidence la denture de l'animal.

Les dessins originaux sont conservés au Thomas Gilcrease Institute of American History and Art de Tulsa (Oklahoma).

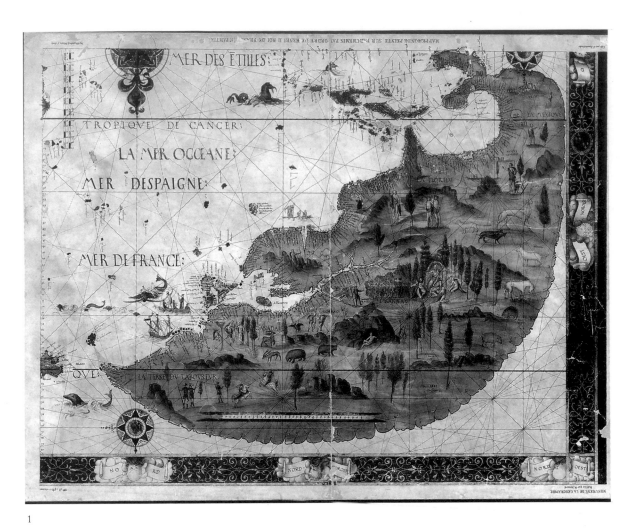

1

PIERRE DESCELLIERS
(1487 – 1553)

1 *Map of North America,*
from a *Map of the World*
1546
Colour lithograph, 68.0 x
85.0 cm
National Archives of
Canada (NMC-40461)

A 19th-century redrawing of
the original map, taken from
Les Monuments de la géographie,
by Edme François Jomard,
Paris, 1854. (The original is in
the John Rylands University
Library of Manchester,
Manchester, England.)

This map is an early representation of Canada, with details
and names given by Cartier
and Roberval. In addition to
bears, a porcupine, wild boar,
horse, stags, and birds, the
map also shows a unicorn.
With the exception of the

porcupine, the animals depicted on Descellier's map are animals of the chase. The New
World was perceived as offering a wealth of game.
Theodor de Bry included in
America, Part X (1618) an
imaginary scene of
Englishmen hunting in
Virginia, which portrays
America as a kind of deer
park. Cartier commented on
the vegetable wealth of the
land:

As goodly and pleasant a
country as possible can be
wished for, full of all sorts of
goodly trees ... Oaks, Elms,
Walnut-trees, Cedars, Firres,
Ashes, Boxe, Willows, and a
great store of Vines, all as full
of grapes as could be ... .

PIERRE DESCELLIERS
(1487 – 1553)

1 *Carte de l'Amérique du
Nord,* tirée d'une mappe-
monde,1546
Lithographie en couleur,
68,0 x 85,0 cm
Archives nationales du
Canada (NMC – 40461)

Dessin exécuté au dix-neuvième siècle à partir de la carte
originale et tiré des *Monuments
de la géographie* d'Edme
François Jomard, publié à Paris
en 1854. (L'original se trouve
à la John Rylands University
Library de Manchester, en
Angleterre.)

Cette carte est une des premières représentations du
Canada et comprend des
détails et toponymes spécifiés
par Cartier et Roberval. Outre
des ours, la carte fait voir un
porc-épic, un sanglier, un

cheval, des cerfs et des oiseaux
ainsi qu'une licorne. À
l'exception du porc-épic, les
animaux représentés sur la
carte de Descelliers sont des
animaux de chasse: on conce-
vait le Nouveau Monde
comme le paradis du gibier.
Theodor de Bry illustre son
America, partie X (1618), d'une
scène imaginaire d'Anglais
chassant en Virginie dans
laquelle l'Amérique apparaît
comme une sorte de parc aux
cerfs. Cartier est disert sur les
richesses végétales de la
contrée:

[...] est aussi bonne terre qu'il
soit possible de veoyr, et bien
fructifférante, plaine de moult
beaulx arbres ... comme
chaisnes, hourmes, frennes,
noyers, prunyers, yfz, seddrez,
vignes, aubespines, qui portent
le fruict aussi groz que prunes
de Damas.

3

GIACOMO GASTALDI
(ca 1500 – ca 1565)

2 *Map of New France*
From Giovanni Battista
Ramusio, *Navigationi et
viaggi* (Venice, 1556)
Woodcut, 27.0 x 37.0 cm
National Archives of
Canada (NMC-52408)

Although appearing after
Cartier's voyages, this woodcut map is based chiefly on
Verrazzano's voyage of 1524.
The map shows men fishing
for cod, natives hunting deer
and bear, and a running rabbit.
The islands of 'Terra Nuova,'
'C. breton,' and 'Isola de
Demoni' (Labrador?) are pop-
ulated by birds, and possibly
reflect the mapmaker's understanding of tales of the 'bird
islands' of the Gulf and off
Newfoundland.

GIACOMO GASTALDI
(vers 1500 – 1565)

2 *La Nuova Francia*
Carte tirée de *Navigationi
et viaggi* de Giovanni
Battista Ramusio,
Venise, 1556
Bois gravé, 27,0 x 37,0 cm
Archives nationales du
Canada (NMC – 52408)

Cette carte, gravée sur bois,
est parue après les voyages de
Cartier, mais elle se fonde
principalement sur le voyage
fait en 1524 par Verrazzano.
La carte montre des hommes
qui pêchent la morue, des
indigènes qui chassent le cerf
et l'ours ainsi qu'un lapin
courant. Les îles de Terra
Nuova, C. Breton et Isola de
Demoni (Labrador?) sont peu-
plées d'oiseaux, reflétant peut-
être une version personnelle
des «îles aux Oiseaulx» que les
récits placent dans le golfe et
au large de Terre-Neuve.

SAMUEL DE CHAMPLAIN
(1567 – 1635)

3 *Huron Deer Hunt*
Plate facing page 265 in *Les
voyages de la Nouvelle France
occidentale, dicte Canada: faits
par le Sr. de Champlain,
Xainctongeois, capitaine pour
le Roy en la Marine du
Ponant...* (Paris, 1632)
Etching, 23.0 cm
National Library of
Canada, Rare Book
Collection

The etching of a deer hunt is a
schematic representation of a
Huron hunt which Cham-
plain likely witnessed in the
New World, and presented as
a rough sketch to an engraver.

SAMUEL DE CHAMPLAIN
(1567 – 1635)

3 *Chasse au cerf chez les
Hurons*
Planche, en regard de la
page 265, *Les voyages de la
Nouvelle France occidentale,
dicte Canada: faits par le Sr.
de Champlain,
Xainctongeois, capitaine pour
le Roy en la Marine du
Ponant...*,
Paris, 1632
Eau-forte, 23,0 cm
Bibliothèque nationale du
Canada, Collection des
livres rares

Cette gravure d'une chasse au
cerf est une représentation
schématique d'une chasse chez
les Hurons, à laquelle
Champlain a probablement
assisté et qu'il aurait ensuite
présentée au graveur sous la
forme d'un croquis rudimen-
taire.

The copper engraving of a walrus and calf included in de Laet's 1633 book is repeated in the catalogue of Ole Worm's museum, *Museum Wormianum*, published in 1655, illustrating a printer's economy with plates.

La gravure sur cuivre d'un morse et de son petit que donne l'ouvrage de 1603 de Laet est reproduite au catalogue du musée d'Ole Worm, *Museum Wormianum*, publié en 1655, et témoigne de la parcimonie des graveurs et imprimeurs touchant les plaques.

---

corum, portus *Ninganis* à Lusitanis memoratur, ad quem olim sedes fixerant, quas postea deseruerunt. Septentrionale hujus Insulæ promontorium vulgo *Cap Sant Laurens* appellatur, huic insula *S. Pauli* objacet; ab hoc promontorio ad Terram Novã & promontorium *S. Mariæ* octuaginta trium milliariũ iter à Gallis designatur. Deniq; ab hoc littus versus Africum se subducit & multos sinus & stationes aperit, ignobiles fere & solis nominibus notas, hęc hic recensere supervacuũ puto, ne lectori tædium adferant.

CAP. VI.

Minores aliquot insulæ per Fretum S. Laurentii sparsæ.

DUÆ insulæ, de quibus jam diximus, objectu suo veluti concludunt medi- 10 terraneum æquor sive sinum quem *S. Laurentii* nomine celebrant: in quem Oceanus per tres diversas fauces irrumpit, quarum mediæ satis latæ, inter duo promontoria *S. Laurentii* & *de Raye*, extremæ angustiores sunt; quibus dictæ insulæ utrimque à Continenti separantur. Æquor hoc triquetræ est formæ, illiusque basis, ut ita dicam, ab uno Novæ Franciæ cornu ad altitudinem sex & quadraginta graduum, ad alterum cornu vel angustiores fauces ad altitudinem quinquaginta duorum graduum, utrique insulæ prætenditur, hac enim parte longissimus est sinus: reliqua duo latera usque ad magni fluminis Canadensis ostia in conum fastigiantur; dextrum quidem recta pene linea, sinistrum vero sinuoso anfractu & cubiti in modum, gremio suo aliquot insulas complectitur. Quarum una ab illis qui fretum hoc 20 *Menego Insula.* primi lustrarunt *Menego* dicitur, & ob Asellorum majorum uberem capturam multum celebratur, in recentioribus tamen tabulis geographicis non designatur, no*Avium Insulæ.* mine illo obsoleto. Viginti trium ab hac leucarum intervallo, tres minores insulæ memorantur, quas ab avium copia nunc *Isles des Oiseaux*, nunc *I. des Margaux*, Champlanius autem in tabula sua *Isles aux Tangeaux* appellat. Harum duæ rupibus abruptæ & ascensu perdifficiles tanta multitudine avium obsidentur ut fidem pene superet: ad altitudinem quadraginta novem graduum & XL scrupul. ab Anglis fuerunt observatæ: ad tertiam Phocarum quoddam genus, maximo numero adnatare solet, ignotum, ut opinor, veteribus animal, quod nostrates *Walrus*, Angli à Russis mutuato nomine, *Morsh* vulgo nominant: Monstrosum est animal & amphibium; bobus 30 nostratibus, ubi adolevit, interdum majus, cute cani marino, bucca vaccæ simile (unde & vaccæ marinæ nomen apud quosdam meruit) nisi quod duos dentes, prominentes & ante recurvos habeat, cubiti nonnumquam longitudine, quorum usus & precium ebori comparatur: fœtum supra unum aut alterum vix enititur; robustum & ferox imprimis animal, ideoque difficulter capitur & sæpius in terra, rarissime in mari. Iconem hic subjicimus ad vivum accurate expressam.

Nam hic ejusmodi bellua visa fuit anno cIɔ Iɔ cXII, quam Cl. Vir Ælius Everhardus Vorstius Medic. D. & Professor p. m. ita descripsit. Belluam (inquit) hanc marinam vidi, magnitudine vituli, aut canis Britannici majoris, Phocæ non dissimilem;

4a

JACQUES-PHILIPPE
CORNUT (1606? – 1651)

5a *Apocyn minus rectum canadense*

5b *Edera trifolia canadensis*

5c *Solanum triphyllum canadense*

Pages 93, 96, and 167 in *Canadensium plantarum aliarumque nondum editarum historia* (Paris, 1635)
Etching, 24.0 cm
Plant Research Library
CLBRR, Agriculture
Canada, Ottawa

Cornut never visited Canada, but was fortunate in having access to the botanical gardens of Paris, where plants brought back from the New World were cultivated. Thévet, in his *Cosmographie Universelle* noted that the Cartier expeditions had returned to France with 'a number of plants and shrubs' that could be seen in the royal garden at Fontainebleau. Among these were a sugar maple and an eastern white cedar. By the early seventeenth century there were said to be at least forty-four North American species growing in the gardens.

JACQUES-PHILIPPE
CORNUT (1606? – 1651)

5a *Apocyn minus rectum canadense*

5b *Edera trifolia canadensis*

5c *Solanum triphyllum canadense*

Pages 93, 96 et 167 de la *Canadensium plantarum aliarumque nondum editarum historia*, Paris, 1635
Eaux-fortes, 24,0 cm
Bibliothèque de recherches biosystématiques,
Agriculture Canada

Cornut ne séjourna jamais au Canada, mais il eut la bonne fortune d'avoir accès aux jardins botaniques de Paris, où étaient cultivées les plantes rapportées du Nouveau Monde. Thévet, dans sa *Cosmographie Universelle*, note que Cartier avait rapporté en France un grand nombre de plantes et d'arbustes, qu'on pouvait admirer au Jardin royal de Fontainebleau. On y retrouvait notamment un érable à sucre et un thuya occidental. Au début du dix-septième siècle, il semble que ces jardins aient renfermé au moins quarante-quatre espèces nord-américaines.

5b

FRANCESCO GIUSEPPE
BRESSANI (1612 – 1672)

6   *Novae Franciae Accurata
    Delineateo* [1657]
    Copper engraving,
    51.0 x 37.5 cm
    National Archives
    of Canada (NMC-6338)

A twentieth-century restrike
(ca 1960) from the original
copper plate of the left sheet
of the complete map. The
only known original is in the
Bibliothèque Nationale in
Paris. The map features con-
spicuous animals: what is
probably a caribou (*Alce*), a
beaver (*Castor*), muskrat (*Mus
odorus*), and a bear. The figure
of the caribou is likely taken
from Gesner's *Historia
Animalium*, where the animal
is called an 'Elk.' Wilma
George notes that by the
beginning of the seventeenth
century, most of the large
mammals and birds of the
North American fauna were
known in Europe, chiefly
from travellers' works and
from map illustrations.

6

FRANCESCO GIUSEPPE
BRESSANI (1612 – 1672)

6   *Novae Franciae Accurata
    Delineateo*, 1657
    Gravure sur cuivre,
    51,0 x 37,5 cm
    Archives nationales du
    Canada (NMC – 6338)

Tirage exécuté au vingtième
siècle (vers 1960), à partir de la
plaque de cuivre originale, du
feuillet gauche de la carte. Le
seul original connu se trouve à
la Bibliothèque Nationale de
Paris. La carte est illustrée
d'animaux assez gros, notamment de ce qui semble un
caribou (*Alce*), un castor
(*Fiber*), un rat musqué (*Mus
odorus*) et un ours. L'image du
caribou a probablement été
empruntée à l'*Historia
Animalium* de Gesner, où
l'animal est assimilé au renne.
Wilma George (1980) observe
que, au début du dix-septième
siècle, la plupart des oiseaux et
des gros mammifères de la
faune nord-américaine étaient
connus en Europe, principalement grâce aux récits publiés
par les voyageurs, qui renfer-
maient des cartes illustrées.

7b

FRANÇOIS DU CREUX
(1596? – 1666)

7a *Alce (Moose)*

7b *Insula Volucrum (Bird Island)*

7c *Fiber (Beavers)*

Pages 54, 56, and 52 in *Historiae Canadensis, seu Nova-Franciae libri decem, ad annum christi MDCLVI* (Paris, 1664)
Etching with line engraving, 25.0 cm
National Library of Canada, Rare Book Collection

Du Creux's work, published in 1664, was a summary of the *Jesuit Relations*. While verbal description might suffice to those with a first-hand knowledge of Canadian topography and animal life, it provided little guidance to European artists required to produce a likeness of a bird or animal they had never seen in the flesh. As a result the moose in *Historiae Canadensis* resembles a stylized stag, the gar of the Great Lakes a fish with a bird's head, and the beavers, flat-tailed sheep. The description of the bird islands, like Funk Island and the rocky islets of the St. Lawrence, is taken literally by the artist-engraver, and the 'bird rocks' appear as large boulders covered with generic duck-like birds.

FRANÇOIS DU CREUX
(1596? – 1666)

7a *Alce [orignal]*

7b *Insula Volucrum [île aux oiseaux]*

7c *Fiber [castor]*

Pages 54, 56 et 52, *Historiae Canadensis, seu Nova – Franciae libri decem, ad annum christi MDCLVI,* Paris, 1664
Eaux-fortes au trait, 25,0 cm
Bibliothèque nationale du Canada, Collection des livres rares

L'ouvrage de cet auteur, publié en 1664, était un condensé des Relations des Jésuites. La description verbale pouvait parfois suffire à ceux qui avaient une connaissance personnelle de la topographie et de la faune canadiennes, mais elle n'était pas d'une grande aide aux artistes européens qui devaient représenter un oiseau ou un animal qu'ils n'avaient jamais vu en chair et en os. C'est ainsi que, dans *Historiae Canadensis*, l'orignal ressemble à un cerf stylisé, le lépisostée ou orphie des Grands Lacs possède une tête d'oiseau et les castors sont devenus des moutons à queue plate. La description des îles aux oiseaux, dont l'Île Funk et d'autres îlots rocheux du Saint – Laurent, est prise littéralement par le graveur et les «rochers aux oiseaux» deviennent de grosses masses rocheuses, couvertes d'oiseaux, qui ont tous l'allure du canard.

45

LOUIS HENNEPIN
(1626 – ca 1705)

8a *Buffalo*

8b *Niagara Falls*

Pages 187 and 44 in *Nouvelle découverte d'un très grand pays, situé dans l'Amerique, entre le Nouveau Mexique, et la Mer glaciale: avec les cartes et les figures nécessaires & de plus l'histoire naturelle & morale, & et les avantages qu'on en peut tirer par l'établissement des colonies: le tout dédié à Sa Majesté Britannique Guillaume III* (Utrecht, 1697)
Etching, 16.0 cm
National Library of Canada, Rare Book Collection

The Récollet father Louis Hennepin travelled extensively throughout North America. The stylized engraving of Niagara Falls that appears in his book continued to haunt the imagination of European artists for the next fifty years. His bison, however, is the most lifelike in a series of attempts by European engravers to portray what was called a 'cow.' From its first depiction in the 1550s, Europeans had depicted the bison as a hairy cow with, in many cases, a sheep-like face and short curving horns. Hennepin described the North American bison in relation to the European bison or wisent:

their horns are almost black, and much thicker, though somewhat shorter than those of Europe: Their Head is a of a prodigious Bigness, as well as their Neck very thick, but at the same time exceeding short: They have a kind of Bump between the two Shoulders: Their legs are big and short, cover'd with long Wooll: and they have between the two Horns an ugly Bush of Hairs, which falls upon their Eyes, and makes them look horrid.

LOUIS HENNEPIN
(1626 – vers 1705)

8a *Bison [Taureaux et Vâches sauvages]*

8b *Les chutes Niagara*

Pages 187 et 44 de *Nouvelle découverte d'un très grand pays, Situé dans l'Amerique, entre le Nouveau Mexique, et la Mer Glaciale: avec les Cartes et les Figures nécessaires, & de plus l'Histoire Naturelle & Morale, & et les avantages qu'on en peut tirer par l'établissement des Colonies: le tout dédié à Sa Majesté Britannique Guillaume III,* Utrecht, 1697
Eaux-fortes, 16,0 cm
Bibliothèque nationale du Canada, Collection des livres rares

Le récollet Louis Hennepin avait beaucoup voyagé dans toute l'Amérique du Nord. La gravure de chutes Niagara stylisées qui figure dans son livre continuera à hanter l'imagination des artistes européens pendant les cinquante années suivantes. Son bison est la version la plus réussie de toute une série de tentatives, chez les graveurs européens, pour représenter ce qu'on appelait les «vâches sauvages». À compter de sa première représentation, dans les années 1550, les Européens avaient toujours dépeint le bison comme une sorte de vache à fort pelage, généralement dotée d'une tête moutonnière et de courtes cornes recourbées. Hennepin décrit le bison d'Amérique en le comparant au bison d'Europe:

Leurs Cornes sont presque toutes noires, beaucoup plus grosses, mais un peu moins longues que celles des boeufs ou Taureaux, qu'on voit en Europe. Leur tête est d'une grosseur monstrueuse. Ils ont le col fort court, mais fort gros, & quelquefois de six pants de largeur. Ils ont une bosse, ou petite élévation entre les deux épaules. Leurs jambes sont grosses & courtes, couvertes d'une laine fort longue. Ils ont sur la tête & entre les cornes des crins noirs, qui leur tombent sur les yeux, & qui les rendent affreux.

8b

Caſtor de 26. pouces de longueur entre teſte et queue

9b

LOUIS ARMAND DE LOM D'ARCE, BARON DE LAHONTAN (1666 – 1715?)

9a *La Chasse*

9b *Le Castor*

9c *Le Boeuf Sauvage*

Pages 85, 141, 174 in vol. I of *Nouveaux voyages de Mr. le Baron de Lahontan dans l'Amérique septentrionale* (The Hague, 1703). Etching, 16.0 cm
National Library of Canada, Rare Book Collection

LOUIS ARMAND DE LOM D'ARCE, BARON DE LAHONTAN (1666 – 1715?)

9a *La Chasse*

9b *Le Castor*

9c *Le Boeuf Sauvage*

Pages 85, 141 et 174, *Nouveaux voyages de Mr. le Baron de Lahontan dans l'Amérique septentrionale*, La Haye, 1703
Eaux-fortes, 16,0 cm
Bibliothèque nationale du Canada, Collection des livres rares

10

SÉBASTIEN LECLERC
(1637 – 1714)

10 *Chute de la Rivière de Niagara : Elie enlevé dans un char de feu, Ontario* 1705
Etching on laid paper,
16.2 x 27.2 cm
Inscription: *Chute de la Rivière de Niagara [/] S. le Clerc fecit [/] ELIE ENLEVE DANS UN CHAR DE FEU.*
National Archives of Canada, Documentary Art and Photography Division, Ottawa (1992-416-IX; neg. no. C-117226)

As a background to the miraculous biblical story of Elijah's ascension to heaven in a chariot of fire, Leclerc chose one of the natural wonders of the world, Niagara, copied after Hennepin's etching of 1697.

SÉBASTIEN LECLERC
(1637 – 1714)

10 *Chute de la rivière de Niagara: Elie enlevé dans un char de feu, Ontario,*
1705
Eau-forte sur papier vergé,
16,2 x 27,2 cm
Inscription: «*Chute de la Rivière de Niagara/ S. le Clerc fecit/ ELIE ENLEVE DANS UN CHAR DE FEU.*»
Archives nationales du Canada, Collection d'art documentaire et de photographie, Ottawa (1992 – 416 – IX; C – 117226)

Pour son ascension d'Élie au ciel dans un char de feu, reprise de la scène biblique, Leclerc a choisi comme arrière – plan l'une des grandes merveilles naturelles du monde, les chutes Niagara, en s'inspirant de l'Eau-forte de Hennepin, datée 1697.

By the eighteenth century, although commerce with the New World was well established, few European naturalists visited Canada. They relied instead on the reports of traders, missionaries, and adventurous scholars like Pehr Kalm, one of Linnaeus's pupils. Perhaps in imitation of his master's youthful expedition to Lapland, Kalm set out for North America in 1748, staying first in the area around Philadelphia, then moving to Canada in the summer of 1749. Kalm made it a point to visit Niagara, as other travellers had done before him:

I sat on the utmost brink of them, at hardly a fathom's distance from the place where an enormous mass of water hurls itself perpendicularly down from a height of 135 French feet ... It is enough to make the hair stand on end on any observer who may be sitting or standing close by, and who attentively watches such a large amount of water falling vertically over a ledge from such a height. The effect is awful, tremendous!

Kalm disputed the measurements of Hennepin, who had given the fall a height of 600 feet. He says that in Canada, 'the name of honour they give him there, is *un grand Menteur*, or *The great Liar... .*'

Au dix-huitième siècle, quoique les liens commerciaux avec le Nouveau Monde aient été bien établis, peu de naturalistes européens avaient visité le Canada. Ils prenaient comme source les récits de négociants, de missionnaires et de savants férus d'aventures tels que Pehr Kalm, un des disciples de Linné. peut-être pour suivre les traces de son maître qui, jeune, avait fait une expédition en Laponie, Kalm partit pour l'Amérique du Nord en 1748. Il s'arrête d'abord dans la région de Philadelphie, pour se rendre au Canada à l'été de 1749. Kalm a soin de visiter Niagara, comme d'autres voyageurs l'avaient fait avant lui:

Je me suis assis à l'extrême bord, à deux mètres à peine de l'abîme où s'engouffrait cette énorme masse d'eau, du haut d'une falaise de 135 pieds français ... Ce spectacle est à faire dresser les cheveux sur la tête de l'observateur qui se tient à proximité et qui voit une telle masse d'eau s'écraser subitement d'une telle hauteur. L'effet est spectaculaire, formidable!

Kalm met en doute les dimensions données par Hennepin, qui attribuait aux chutes une hauteur de six cents pieds. Selon le Suédois, «au Canada, on dit plaisamment, en parlant de lui, que c'est un grand Menteur».

12

ELEAZAR ALBIN
(fl. 1713 – 1759)

11a *The Red Grosbeak, or Virginia Nightingale. Coccothraustus Indica Cristata*

11b *The Red-wing'd Starling. Sturnus Niger alis supernerubentis*

Plates LVII and XXXVIII from vol. I of *A Natural History of Birds* (London, 1731 – 1738).
Copperplate engraving with hand-colouring, 29.7 cm
Blacker-Wood Library of Biology, McGill University, Montreal

Albin was the first in Britain to write an illustrated account of birds. The two North American species, the cardinal and red-winged blackbird, came from Mark Catesby. Albin noted on his title page that the plates were 'carefully colour'd by his daughter and Himself from the Originals, drawn from Live Birds.'

ELEAZAR ALBIN
(trav. 1713 – 1759)

11a *Gros-bec rouge, Coccothrausftus indica cristata*

11b *Étourneau rouge, Sturnus niger alis supernerubentis*

Planches LVII et XXXVIII, *A Natural History of Birds*, Londres, 1731 – 1738, vol. I
Gravures sur cuivre, coloriées à la main, 29,7 cm
Bibliothèque de biologie Blacker-Wood, Université McGill, Montréal

Albin a rédigé la première étude illustrée sur les oiseaux de Grande-Bretagne. Les deux espèces nord-américaines, le cardinal et le carouge à épaulettes, sont empruntées à Mark Catesby. Albin a tenu à inscrire, sur sa page de titre, que les planches avaient été soigneusement coloriées par sa fille et par lui – même à partir des dessins originaux, qui prenaient pour modèles des oiseaux vivants.

ROBERT HANCOCK
(1730 – 1817)

12 *The Waterfall of Niagara Ontario* ca 1794
Engraving, hand-coloured on wove paper, 23.7 x 39.0 cm

Inscription: *R. Hancock fecit [/] The Waterfall of Niagara – This most surprizing Cataract of Nature is 137 feet high [/] & its breadth about 360 yards. The Island in the middle is about 420 Yards long, & 40 Yards broad, at its lower end. The Water, [/] on it's approaching the said Island, becomes so rapid, as almost to exceed an arrow in swiftness till it comes to the Fall; [/] where it reascends into the Air foaming white as Milk, & all in Motion like a boiling Cauldron; Its Noise [/] may be heard 15 Leagues off, & in Calm Weather, it's Vapours rise a great hight into the Air, & may be seen like thick Smoak at 30 Miles distance. [/] in North America [/] La Cascade de Niagara – Cette Surprenante Chute d'Eau est haute de 137 Pieds, et large d'environ [/] 368 Verges L'Isle qui est dans le milieu a 420 Verges de Longueur, Sur 40 de Largueur sur sa fin. L'Eau, en approchant [/] la ditte Isle, devient Si rapide, qu'elle L'emporte presque sur la Vivacite d'une fleche, jusqu'a cequelle arive a sa Chute; [/] ou elle remonte bien haut dans l'Air avec une Ecume blanche, comme du Lait, et tout en Mouvement comme une Chaudiere bouillante; [/] on peut en entendre le Bruit a 15 lieues de distance; et dans un Tems calme Ses Vapeur s'elevent fort dans l'Air, et paroipent comme [/] une Fumée Epaisse a 30 milles distance'*
Documentary Art and Photography Division, National Archives of Canada, Ottawa (1992-466-6X; neg. no. C-014586)

Hancock's description is after Pehr Kalm's account of his travels, published in English in 1770, while the image would appear to owe much to Hennepin and to the conventions of the era. The leaning trees indicate a 'wilderness,' and the 'native' resembles more an inhabitant of the South Seas than a North American Indian.

ROBERT HANCOCK
(1730 – 1817)

12 *La Cascade de Niagara,*
    vers 1794
    Gravure coloriée à la main
    sur vélin, 23,7 x 39,0 cm

Inscription: «R. Hancock
fecit/ *The Waterfall of
Niagara*» – *This most surprizing Cataract of Nature is
137 feet high/ & its breadth
about 360 yards. The Island
in the middle is about 420
Yards long, & 40 Yards
broad, at its lower end. The
Water,/ on it's approaching
the said Island, becomes so
rapid, as almost to exceed an
arrow in swiftness till it comes
to the Fall;/ where it reascends into the Air foaming
white as Milk, & all in
Motion like a boiling
Cauldron; Its Noise/ may be
heard 15 Leagues off, & in
Calm Weather, it's Vapours
rise a great hight into the Air,
& may be seen like thick
Smoak at 30 Miles distance./
in North America/ La
Cascade de Niagara* – *Cette
Surprenante Chute d'Eau est
haute de 137 Pieds, et large
d'environ/ 368 Verges L'Isle
qui est dans le milieu a 420
Verges de Longueur, Sur 40*

*de Largueur sur sa fin L'Eau,
en approchant/ la ditte Isle,
devient Si rapide, qu'elle
L'emporte presque sur la
Vivacite d'une fleche, jusqu'a
ce quelle arive a sa Chute;/
ou elle remonte bien haut
dans l'Air avec une Ecume
blanche, comme du Lait, et
tout en Mouvement comme
une Chaudiere bouillante;/
on peut en entendre le Bruit a
15 lieues de distance; et dans
un Tems calme Ses Vapeur
s'elevent fort dans l'Air, et
paroipent comme/ une Fumée
Epaisse a 30 milles distance*»
Archives nationales du
Canada, Division de l'art
documentaire et de la
photographie, Ottawa
(1992 – 466 – 6X;
C – 014586)

La description de Hancock
suit le compte rendu des voyages de Pehr Kalm publié en
anglais en 1770, tandis que
l'image semble devoir beaucoup à Hennepin et aux conventions de l'époque. Les
arbres inclinés dénotent la
«nature sauvage», et
l'«indigène» s'apparente
davantage aux habitants des
mers du Sud qu'aux
Amérindiens.

GEORGE EDWARDS
(1694 – 1773)

13a *The White-tailed Eagle
    from Hudsons Bay*

13b *The Red-Throated
    Humming Bird*

13c *The Greatest Bulfinch Cock*

13d *The American King's Fisher*

Plates 1 and 38 from vol.
1, and plates 123 and 115
from vol. 2, of *A Natural
History of Uncommon Birds
and Some Other Rare and
Undescribed Animals,
Quadrupeds, Fishes,
Reptiles, etc.* (London,
1743 – 1751), 2 vols.
Etchings, hand-coloured
30.2 cm
Blacker-Wood Library of
Biology, McGill
University, Montreal

Hummingbirds are unique to
the western hemisphere and
they fascinated European naturalists. Pennant wrote of the
'Red-throated Honeysucker'
that 'Lightning is scarcely
more transient than its flight,
nor the glare more bright than
its colours ... .'

GEORGE EDWARDS
(1694 – 1773)

14 Frontispiece to *A Natural
    History of Uncommon Birds*
    London, 1743 – 1751.
    Etching, handcoloured on
    laid paper, 28.0 x 20.9 cm
    Private collection

In 1839 John Richardson
called Edwards's book 'the
most original and valuable
work of its kind in the English
language.'

GEORGE EDWARDS
(1694 – 1773)

13a *Le pygargue à queue blanche
    de la baie d'Hudson*

13b *Le colibri à gorge rubis*

13c *Le père-noir*

13d *Le martin-pêcheur
    d'Amérique*

Planches 1 et 38, tirées du
volume un, et planches
123 et 115, tirées du vol-
ume deux, *A Natural
History of Uncommon Birds
and Some Other Rare and
Undescribed Animals,
Quadrupeds, Fishes,
Reptiles, etc.*,
Londres, 1743 – 1751,
2 vol.
Eaux-fortes coloriées à la
main
30,2 cm
Bibliothèque de biologie
Blacker-Wood, Université
McGill, Montréal

Les colibris vivent uniquement dans l'hémisphère occidental et ils fascinaient les naturalistes européens. Pennant
disait du colibri à gorge rubis
que son passage était vif
comme l'éclair et qu'aucun
éclat n'était comparable à ses
couleurs.

GEORGE EDWARDS
(1694 – 1773)

14 Frontispice de *A Natural
    History of Uncommon
    Birds...*, Londres,
    1743 – 1751.
    Eau-forte coloriée à la
    main sur papier vergé,
    28,0 x 20,9 cm
    Collection particulière

En 1839, John Richardson faisait l'éloge d'Edwards en dis-
ant que son ouvrage était le
plus original et le plus précieux de son genre en langue
anglaise.

GEORGE EDWARDS
(1694 – 1773)

15 *The Porcupine from Hudsons Bay* 1741
Etching, hand-coloured on laid paper,
19.6 x 28.1 cm
Inscription: *September 29, 1741 [/] the Porcupine from hudsons bay. Published according to act of Parliament May 1742 Geo Edwards*
Documentary Art and Photography Division, National Archives of Canada, Ottawa (1983-91-1; neg. no. C-105601)

The porcupine or porcuspine had long fascinated Europeans. Edward Topsell notes in his *History of Four-Footed Beasts and Serpents and Insects* (1658) that 'These [porcupines] are bred in *India* and *Africk*, and brought up and down in *Europe* to be seen for mony.'

Edwards's porcupine was drawn from a specimen in the collection of Sir Hans Sloane (founder of the British Museum). It was originally sent to Dr. R.M. Massey by Alexander Light, 'residing in Hudson's Bay,' with the note that Dr. Massey 'may depend on better information next year, for they are very plentiful on the east main, several of my trading Indians depend on them for food at some seasons of the year.'

This etching served as a model for the porcupines depicted both in Henry Ellis' book *A Voyage to Hudson's Bay ...* , published in 1748, and for the porcupine added to the *Plan of the Harbour of Chebucto and Town of Halifax* by Moses Harris, dated 1749.

GEORGE EDWARDS
(1694 – 1773)

15 *Le porc-épic de la baie d'Hudson,* 1741
Eau-forte coloriée à la main sur papier vergé,
19,6 x 28,1 cm
Inscription: «*September 29, 1741/ the Porcupine from hudsons bay. Published according to act of Parliament May 1742 Geo Edwards*»
Division de l'art documentaire et de la photographie, Archives nationales du Canada, Ottawa (1983 – 91 – 1; C – 105601)

Le porc-épic fascinait les Européens depuis longtemps. Edward Topsell note, dans son *History of Four-Footed Beasts and Serpents and Insects* (1658), que «Ces animaux sont natifs de l'Inde et de l'Afrique, et ils sont importés en Europe, où l'on doit payer pour les voir.»

Le porc-épic d'Edwards prenait pour modèle un spécimen de la collection de Sir-Hans Sloane (fondateur du British Museum). L'animal avait été envoyé au docteur R.M. Massey par Alexander Light, qui séjournait alors à la baie d'Hudson; l'envoi était accompagné d'une note: le docteur Massey pourrait compter sur de meilleurs renseignements l'année suivante; ces animaux abondaient dans la région de l'East Main et plusieurs Indiens avec qui Light commerçait s'en nourrissaient à certaines époques de l'année.

Cette Eau-forte a servi à son tour de modèle aux porcs-épics du livre de Henry Ellis, *A Voyage to Hudson's Bay...*, publié en 1748, et à celui qui avait été ajouté au *Plan du port de Chebucto et de la ville d'Halifax* de Moses Harris, daté de 1749.

GEORGE EDWARDS
(1694 – 1773)

16 *The Bittern from Hudson's Bay* 1748
Etching, handcoloured on laid paper, mounted with description,
26.5 x 21.0 cm (sight)
Inscription: *The Bittern from Hudsons Bay Geo Edwards 1748*
Private collection

Edwards identifies the specimen provided him by Mr. Isham (James Isham, a governor of the Hudson's Bay Company) as a 'non-descript,' that is, a species that had not yet been described in scientific literature. Edwards was obviously working from a skin, since the pose is most uncharacteristic of the bad-tempered and hunched bittern.

PIERRE-FRANÇOIS-XAVIER DE CHARLEVOIX
(1682-1761)

17a *Capillaire du Canada; Origane du Canada*

17b *Autre fumiterre du Canada; Petite ancholie du Canada*

17c *Laurier à fleurs odiférantes; Cerfeuille du Canada*

Pages 302, 357, and 317 in vol. IV of *Histoire et description générale de la Nouvelle France, Avec le Journal historique d'un Voyage fait par ordre du Roi dans l'Amérique Septentrionnale* (Paris, 1744).
17.0 cm
National Library of Canada, Rare Book Collection
Special Collections; Douglas Library, Queen's University

GEORGE EDWARDS
(1694 – 1773)

16 *Le butor de la baie d'Hudson,* 1748
Eau-forte coloriée à la main sur papier vergé, montée, avec sa description, 26,5 x 21,0 cm (app.)
Inscription: «*The Bittern from Hudsons Bay Geo Edwards 1748*»
Collection particulière

Pour Edwards, le spécimen que lui avait envoyé M. Isham (James Isham, un des gouverneurs de la Compagnie de la Baie d'Hudson) est «inconnu», c'est-à-dire d'une espèce qui n'a pas encore fait l'objet d'écrits scientifiques. De toute évidence Edwards travaillait à partir d'une dépouille, puisque la pose est tout à fait fausse pour le butor, qui est un oiseau voûté et revêche.

PIERRE-FRANÇOIS-XAVIER DE CHARLEVOIX
(1682 – 1761)

17a *Capillaire du Canada; Origane du Canada*

17b *Autre fumiterre du Canada; Petite ancholie du Canada*

17c *Laurier à fleurs odiférantes; Cerfeuille du Canada*

Pages 302, 357 et 317 du volume IV de l'*Histoire et description générale de la Nouvelle France, Avec le Journal historique d'un Voyage fait par ordre du Roi dans l'Amérique Septentrionnale*, Paris, 1744
17,0 cm
Bibliothèque nationale du Canada, Collection des livres rares
Bibliothèque Douglas, Université Queen's

The Porupine from Hudsons Bay

Published accord. to act of Parliament May 1745 by G. Edwards

15

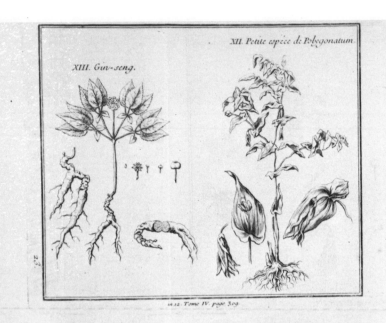

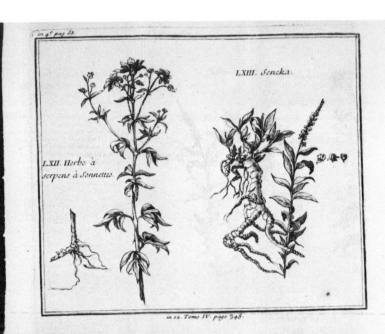

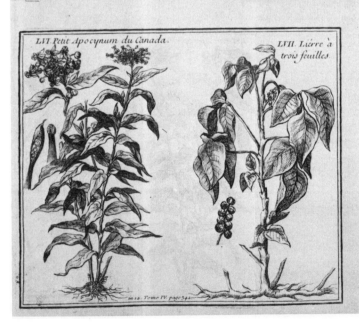

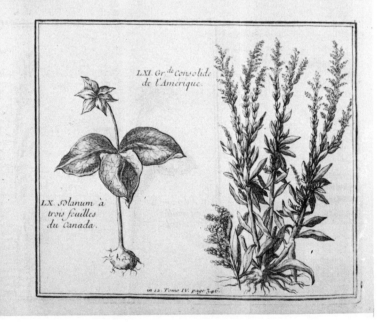

18a, b, c, d

PIERRE-FRANÇOIS-
XAVIER DE CHARLEVOIX
(1682–1761)

18a *Petit Apocynum du
Canada; Lierre à trois
feuilles du Canada*

18b *Solanum à trois feuilles du
Canada; Grde Consolide de
l'Amérique*

18c *Herbe à serpens à Sonettes;
Seneka*

18d *Petite espèce de
Polygonatum du Canada;
Le Gin-seng*

Plates LVI and LVII, LX
and LXI, LXII and LXIII,
and XII and XIII in vol. IV
of *Histoire et description
générale de la Nouvelle
France* (1744).
All etching on paper,
12.5 x 19.5 cm.
Nature Art Collection,
Collections of the
Canadian Museum of
Nature.

Even as late as 1744, the study
of botany was still very closely
allied with the practice of
medicine. Charlevoix notes
the medicinal properties of
each plant with reference to
authors like Joseph Pitton de
Tournefort (1656 – 1708),
author of *Éléments de Botanique*
(1694), Joseph-François
Lafitau (1670 – 1740), Cornut,
and a 'M. Geofroy.' He also
records the medicinal use of
plants by the native peoples
and by residents of North
America, like 'M. Tennent,
Medecin Anglois' of Virginia,
who assured him that the
seneka was a specific against
pleurisy and pneumonia. The
gin-seng plant is a similar
species to the oriental ginseng,
and Charlevoix comments
that Athanasius Kirchner
(1602 – 1680), a German
Jesuit, had noted that the
Iroquois word for the plant
was closely allied to the
Chinese term.

Many of Charlevoix's illustrations are derived from
Cornut's *Canadensium plantarum*, published over a century before, and when compared
to other botanical works published in the mid-1700s (such
as *Hortus Cliffortianus*, illustrated by Ehret, engraved by Jan
Wandelaar, and published in
1737), the plants appear stiff
and unnatural.

PIERRE-FRANÇOIS-
XAVIER DE CHARLEVOIX
(1682 – 1761)

18a *Petit Apocynum du
Canada; Lierre à trois
feuilles du Canada*

18b *Solanum à trois feuilles du
Canada; Grde Consolide de
l'Amérique*

18c *Herbe à serpens à Sonettes;
Seneka.*

18d *Petite espèce de
Polygonatum du Canada;
Le Gin-seng*

Planches LVI et LVII, LX
et LXI, LXII ainsi que
LXIII, *Histoire et description
générale de la Nouvelle
France*, 1744.
Eaux-fortes sur papier,
12,5 x 19,5 cm
Collection d'art de la
nature, Collections du
Musée canadien de la
nature

Même en 1744, l'étude de la
botanique était toujours
étroitement reliée à l'exercice
de la médecine. Charlevoix
relève les propriétés médici-
nales de chaque plante en ren-
voyant à des autorités telles
que Joseph Pitton de
Tournefort (1656 – 1708),
auteur des *Éléments de
Botanique* (1694), Joseph-
François Lafitau (1670 – 1740),
Cornut et un certain «M.
Geofroy». Il note également
l'usage thérapeutique des
plantes par les indigènes et par
les habitants de l'Amérique du
Nord en général. Ainsi, «M.-
Tennent, Medecin Anglois»
de Virginie, lui affirme que la
racine de polygala [seneka] fait
des merveilles contre la
pleurésie et la pneumonie. La
plante dite Gin – Seng est
d'une espèce semblable au
ginseng oriental et Charlevoix
rapporte qu'un jésuite alle-
mand, Athanasius Kirchner
(1602 – 1680), avait saisi la
similitude des appellations iro-
quoise et chinoise de cette
plante.

Bon nombre des illustra-
tions de Charlevoix s'inspirent
du *Canadensium plantarum* de
Cornut, publié plus d'un siècle
auparavant, et l'on peut con-
stater que les plantes y ont une
allure figée et artificielle, par
comparaison avec d'autres
ouvrages de botanique publiés
vers le milieu du dix-huitième
siècle (dont le *Hortus
Cliffortianus*, illustré par Ehret,
gravé par Jean Wandelaar et
publié en 1737).

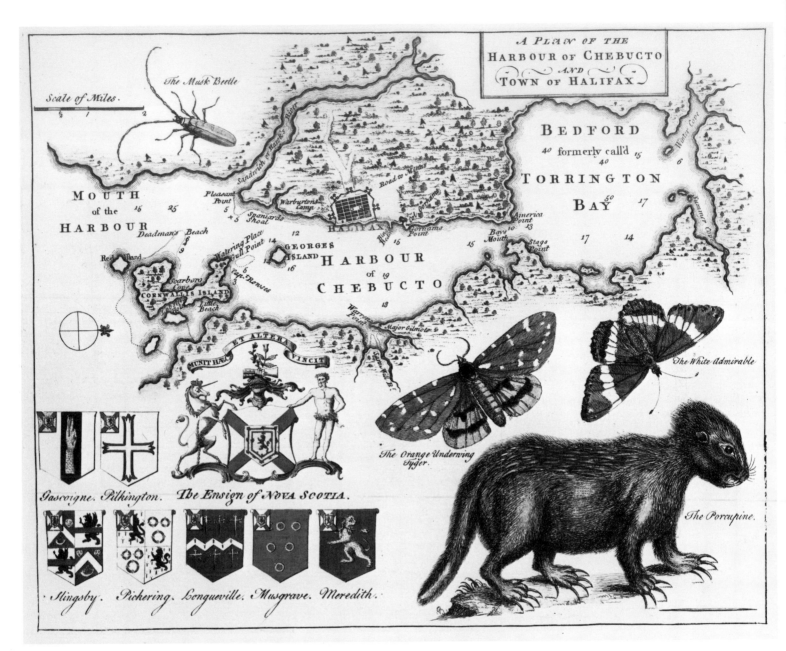

19

ATTRIBUTED TO
MOSES HARRIS
(1730 – 1788?)

19 *A Plan of the Harbour of Chebucto and Town of Halifax* 1749
In *The Gentleman's Magazine* (London, February 1750)
Engraving, hand-coloured on paper, 22.0 x 26.8 cm

Inscription: *A Plan of the Harbour of Chebucto and Town of Halifax* [/] *The Musk Beetle* [/] *The Ensign of NOVA SCOTIA* [/] *The Orange Underwing* [/] *Tyger* [/] *The White Admiral* [/] *The Porcupine*
Nova Scotia Legislative Library, Halifax

MOSES HARRIS
(1730 – 1788?), attribution

19 *Plan du port de Chebucto et de la ville d'Halifax*, 1749
Gentleman's Magazine, Londres, février 1750.
Gravure coloriée à la main sur papier, 22,0 x 26,8 cm

Inscription: «*A Plan of the Harbour of Chebucto and Town of Halifax/ The Musk Beetle/ The Ensign of NOVA SCOTIA/ The Orange Underwing/ Tyger/ The White Admiral/ The Porcupine*»
Bibliothèque de l'Assemblée législative, Halifax

MOSES HARRIS
(1730-1788?)

20 *Nova Scotia Plants,* 1749
   In *The Gentleman's
   Magazine* (London,
   February 1750)
   Engraving on paper,
   20.0 x 10.8 cm
   Inscription: *Drawn from the
   Life at Halifax in Nova
   Scotia* [/] *July 15.1749. by
   M. Harris.* [/] *Gent. Mag.*
   [/] *Feb. 1750.*
   Nova Scotia Legislative
   Library, Halifax

Many eighteenth-century illustrators make the point that their work is 'Drawn from the Life.' Edwards notes on the title page of *A Natural History of Uncommon Birds* ... , that it includes '362 Copper-Plates From Designs copied immediately from Nature, and curiously coloured after Life.' Both Harris and Moses are making the distinction between themselves and the encyclopaedists like Gesner, whose illustrations are often fanciful, being based on verbal description, or copied from old manuscripts or books. Life drawing, however, did not require that the animal or plant actually be alive. Until the nineteenth century, most artists, particularly those painting animals and birds, worked from preserved materials – skins, salted or waxed carcasses, or dried plant specimens from a hortus siccus (dry garden).

MOSES HARRIS
(1730 – 1788?)

20 *Plantes de la Nouvelle-
   Écosse,* 1749
   Gentleman's Magazine,
   Londres, février 1750.
   Gravure sur papier, 20,0 x
   10,8 cm
   Inscription: «*Drawn from
   the Life at Halifax in Nova
   Scotia/ July 15.1749. by M.
   Harris./ Gent. Mag./ Feb.
   1750.*» [*Dessiné d'après
   nature à Halifax, en
   Nouvelle-Écosse, le 15 juillet
   1749, par M. Harris*]
   Bibliothèque de
   l'Assemblée législative,
   Halifax

Une foule d'illustrateurs du dix-huitième siècle se font une gloire de travailler d'après nature. Edwards tient à inscrire à la page de titre de *A Natural History of Uncommon Birds* ... que l'ouvrage comprend 362 gravures sur cuivre, réalisées à partir de dessins faits directement d'après nature et dont les couleurs ont été prises sur le vif. Tant Harris que Moses établissent une nette distinction entre eux-mêmes et les encyclopédistes, Gesner par exemple, dont les illustrations sont souvent fantaisistes, inspirées de descriptions verbales ou copiées dans des manuscrits ou des livres anciens. Notons que le dessin d'après modèle n'exigeait pas nécessairement que la plante ou l'animal soit vivant. Jusqu'au dix-neuvième siècle, la plupart des artistes, en particulier ceux qui représentaient des oiseaux et des animaux, travaillaient à partir d'éléments conservés par traitement – peaux, carcasses salées ou cirées, ou spécimens de plantes séchées extraits d'herbiers.

21 *La grande Cataracte du Niagara vue d'en haut*, vers 1766
Aquarelle sur papier, 34,3 x 52,7 cm
The New-York Historical Society, New York; Travellers Fund, J.S. Cushman, and Foster-Jarvis Fund, 1954 (1954.2)

La carrière militaire de Thomas Davies au Canada s'est étendue sur près d'un demi-siècle. De 1757 à 1790, il entreprend, dans l'exercice de ses fonctions, un certain nombre de tournées, au cours desquelles il donne libre cours à sa passion pour la peinture et pour l'histoire naturelle. Les peintures de cet ancien élève de la Royal Military Academy de Woolwich révèlent un goût marqué pour la représentation détaillée des paysages. Son intérêt pour l'histoire naturelle transparaît dans la manière minutieuse des formations géologiques encadrant les chutes d'eau ainsi que dans le détail des plantes et des oiseaux de ses ouvrages. C'est un habile dessinateur d'oiseaux et d'animaux, qui, au cours des années 1770, expose aussi des tableaux de fleurs à la Royal Academy. Il devait se tailler une certaine réputation comme ornithologiste et mettre sur pied son propre musée.

Davies a placé deux aigles à tête blanche dans l'aquarelle. Ces oiseaux, autrefois communs dans le sud de l'Ontario, étaient attirés dans la région de la Niagara par les carcasses d'animaux que charriait l'eau des chutes.

21 *Niagara Falls from Above*
ca 1766.
Watercolour on paper, 34.3 x 52.7 cm
The New-York Historical Society, New York; Travellers Fund, J.S. Cushman, and Foster-Jarvis Fund, 1954 (1954.2)

Thomas Davies's military career in Canada spanned almost half a century. From 1757 to 1790 he undertook a number of tours of duty during which he indulged his passion for painting and for natural history. Trained at the Royal Military Academy at Woolwich, he reveals his interest in the detailed depiction of landscape in his paintings. His interest in natural history is obvious in the geological formations that frame the waterfalls, and in his inclusion of birds and plants in his works. He was a skilled illustrator of birds and animals and in the 1770s he exhibited flower paintings at the Royal Academy. He became an ornithologist of some repute and established his own museum.

Davies has included two bald eagles in the watercolour. These birds, once common in southern Ontario, were attracted to Niagara by the carcasses of animals that were washed over the falls.

22 *An East View of the Great Cataract of Niagara*
ca 1768
From the portfolio *Six Views of Waterfalls* (London, 1768).
Engraving on laid paper, 33.7 x 50.9 cm
Inscription: *To his Excellency Lieutt: Genl: Sir Jeffrey Amherst, Knight of the Most Honourable Order of the Bath, &c. &c. &c. [/] These six views are most humbly Inscribed, by his Excellency's most devoted Servt: Thos: Davies. [/] An East View of the Great Cataract of Niagara./ Perpendr: Heigth of the Fall 162 Feet, Breadth about a Mile & a Quarter. [/] Drawn on the Spot by Thos: Davies Capt: Lieutt: in the Royal Regt: of Artillery; J. Fougeron sculp.*
Documentary Art and Photography Division, National Archives of Canada, Ottawa (1992-498-IX; neg. no. C-038858)

This engraving in the coloured state was the first to show Canada's autumn colours. 'The variety of Colours in the Woods shew the true Nature of the Country.'

22 *La grande Cataracte du Niagara: côté est*, vers 1768
Album *Six Views of Waterfalls*, Londres, 1768
Gravure sur papier vergé, 33,7 x 50,9 cm
Inscription: «*To his Excellency Lieutt: Genl: Sir-Jeffrey Amherst, Knight of the Most Honourable Order of the Bath, &c. &c. &c./ These six views are most humbly Inscribed, by his Excellency's most devoted Servt: Thos: Davies./ An East View of the Great Cataract of Niagara./ Perpendr: Heigth of the Fall 162 Feet, Breadth about a Mile & a Quarter./ Drawn on the Spot by Thos: Davies Capt: Lieutt: in the Royal Regt: of Artillery; J. Fougeron sculp.*» [*À son Excellence le Lieutenant général SirJeffrey Amherst, Chevalier du très distingué Ordre du Bain, etc., etc., etc. Ces six vues sont humblement inscrites comme suit, par le plus dévoué de ses serviteurs, à l'intention de Son Excellence: Thos Davies — La grande Cataracte du Niagara côté est. À la verticale: hauteur de la chute: 162 pieds; largeur: environ un mille et quart. Dessiné sur place par Thos Davis, lieutenant — capitaine du régiment royal d'artillerie; J. Fougeron sculp.*]
Archives nationales du Canada, collection Art documentaire et photographie, Ottawa (1992 – 498 – IX; C – 038858)

Cette gravure, une fois coloriée, a été la première représentation des couleurs automnales du Canada. Ainsi que l'observe l'auteur, la diversité des couleurs qui sont déployées dans les bois est caractéristique du pays.

21

Dipus canadensis.

23

THOMAS DAVIES
(ca 1737 – 1812)

23 *The Jumping Mouse*
From 'An Account of the Jumping Mouse of Canada. Dipus Canadensis,' *Transactions of the Linnean Society*, IV (London, 1798)
Engraving, hand-coloured on paper, 9.5 x 15.7 cm (image)
Collections of the Canadian Museum of Nature

Davies presented a paper on the jumping mouse to the Linnean Society on June 6, 1797. He indicated that the mouse from which he had made the illustrations had been 'procured by myself in the neighbourhood of Quebec, during my last residence in that country.'

THOMAS DAVIES
(vers 1737 – 1812)

23 *Souris sauteuse*
Tirée de «An Account of the Jumping Mouse of Canada. Dipus canadensis», dans *Transactions of the Linnean Society*, vol. IV, Londres, 1798
Gravure coloriée à la main sur papier, 9,5 x 15,7 cm (image)
Collections du Musée canadien de la nature

Davies présenta une communication sur la souris sauteuse à la Linnean Society le 6 juin 1797. Il affirme s'être lui-même procuré la souris qui lui servit de modèle lors de son dernier séjour dans la région de Québec.

Le Chathuant du Canadà, ou le Grande Chouvette.   *Noctua Canadensis.*   *Civetta del Canadà.*

24

MADDALENA BOUCHARD
(fl. 1772 – 1793)

24 *Le chathuant du Canada*
Probably from *Recueil de
Cent-Trente-trois Oiseaux
des plus belles Espèces …*
(Rome, 1775).
Engraving, hand-
coloured, 38.0 x 31.0 cm
Inscription: *Le Chatuant du
Canadà ou [/] le Grand
Chouvette [/] Noctua
Canadensis [/] Civetta del
Canadà [/] Madalena
Bouchard sculp.*
Nature Art Collection,
Collections of the
Canadian Museum of
Nature

Maddalena Bouchard never
visited Canada, but her highly
coloured engraving *Le
Chathuant du Canada* (possibly
a barred owl) formed part of a
collection of coloured plates
of birds, copied from another
illustrator, Xaviero Manetti
(1723 – 1784). Manetti published one of the most sump-
tuous illustrated bird books of
the eighteenth century. He
most likely drew this owl from
a mounted specimen.

MADDALENA BOUCHARD
(trav. 1772 – 1793)

24 *Le chathuant du Canada*,
probablement tirée du
*Recueil de Cent-Trente-
trois Oiseaux des plus belles
Espèces…*, Rome, 1775.
Gravure coloriée à la
main, 38,0 x 31,0 cm
Inscription: «*Le Chatuant
du Canadà ou/ le Grand
Chouvette/ Noctua
Canadensis/ Civetta del
Canadà/ Madalena
Bouchard sculp.*»
Collection d'art de la
nature, Collections du
Musée canadien de la
nature

Maddalena Bouchard n'est
jamais venue au Canada, mais
sa gravure très colorée du
chathuant du Canada (la chouette rayée?) faisait partie d'une
série de planches en couleur
d'oiseaux, copiées chez un
autre illustrateur, Xaviero
Manetti (1723 – 1784).
Manetti était l'auteur d'un des
plus somptueux répertoires
d'oiseaux illustrés du dix-
huitième siècle. Ce hibou a
probablement été dessiné
d'après un spécimen empaillé.

25

JOSEPH F.W. DESBARRES
(1722 – 1824)

25 *A View from the Camp at the East End of the Naked Hills … on the Isle of Sable, Nova Scotia* ca 1779
In *The Atlantic Neptune* (1780).
Aquatint, 40.9 x 60. 2 cm
Inscription: *A View from the Camp at the East End of the Naked Sand Hills, on the South East Shore of the Isle of Sable.*
Documentary Art and Photography Division, National Archives of Canada, Ottawa (1970-188-62;
neg. no. C-40985),
W.H. Coverdale Collection of Canadiana

Joseph DesBarres was sent by the British Admiralty to undertake a coastal survey of the waters around Nova Scotia. The result was *The Atlantic Neptune*, in which DesBarres also included landscape views like this one of Sable Island. At the lower left are pictured the celebrated wild horses of Sable Island.

JOSEPH F.W. DESBARRES
(1722 – 1824)

25 *Vue du campement, à l'extrémité orientale des dunes … de l'Île de Sable, en Nouvelle-Écosse,* vers 1779
The Atlantic Neptune, 1780.
Aquatinte, 40,9 x 60,2 cm
Inscription: «*A View from the Camp at the East End of the Naked Sand Hills, on the South East Shore of the Isle of Sable*». [*Vue du campement, à l'extrémité orientale des dunes, rive sud-est de l'Île de Sable.*]
Division de l'art documentaire et de la photographie, Archives nationales du Canada, Ottawa (1970 – 188 – 62;C – 40985), Collection d'oeuvres canadiennes W.H. Coverdale

Joseph DesBarres avait été chargé par l'Amirauté britannique d'effectuer la reconnaissance côtière des eaux baignant la Nouvelle-Écosse. Un ouvrage est issu de cette mission: *The Atlantic Neptune,* que DesBarres a orné de paysages de l'Île de Sable tels que celui – ci. À l'angle inférieur gauche, on reconnaît les célèbres chevaux sauvages de l'endroit.

THOMAS PENNANT
(1726 – 1798)

26a *Frontispiece to Introduction,*
by Peter Paillou, engraved
by Mazel
Vol. III
Engraving, hand-coloured

26b *Isle of Sable,* probably by
Mercatti
Page CCCXI, vol. III
Watercolour

26c *Scenes of Nova Scotia,*
probably by Mercatti
Page CCCVIII, vol. III
Watercolour

26d *Moose Deer,* by George
Stubbs, engraved by
Mazell
Coloured proof-plate VIII,
facing page 18, vol. I
Engraving, handcoloured

26e *Musk Bull and Cow No. 2,*
by Moses Griffiths,
Engraved by Mazell
Coloured proof-plate VII,
facing page 8, vol. I
Engraving, hand-coloured

26f *Red, Mottled and Barred
Owls,* by Moses Griffiths,
with marginal drawing of
Hawk Owl
Coloured proof-plate, fac-
ing page 271, vol. I
Engraving, hand-
coloured, and watercolour

26g *Pied Duck,* with marginal
drawing of Spirit Duck
Facing page 282, vol. II
Engraving handcoloured,
and watercolour

All works in *Arctic Zoology,*
2nd ed. (London, 1792), 3
vols.
29.5 cm
Blacker-Wood Library of
Biology, McGill
University, Montreal

This is Pennant's own copy,
illustrated with marginal
drawings and watercolours by
Moses Griffith and Mercatti.
The engravings have also been
coloured by hand, perhaps
with an eye to a further edition in full colour.

Pennant drew on many
sources for his *Arctic Zoology,*
including notes by Joseph
Banks of his Newfoundland
trip, Hearne's and Ellis's narra-
tives (see below), and the
communications of Hudson's
Bay Company employees like
James Isham. He acknowl-
edged that his work was only a
first attempt:

How small a part is this of the
Zoology of our lost dominions! May what I have done
be an inducement for some
learned native to resume the
subject! and I shall without
envy see my trivial labours lost
in the immensity of new discoveries.

Pennant was skeptical, however, that a learned native
would soon appear:

Ages must pass, before new
colonization can push its
progress westward: and even
then civilization, ease, and
luxury, must take place, ere
these studies, in which use and
amusement are so intimately
blended, can be carried into
full effect.

To a certain extent the scientists and explorers of the eighteenth and nineteenth centuries provided the 'immensity
of new discoveries' Pennant
foresaw.

THOMAS PENNANT
(1726 – 1798)

26a *Frontispice* de l'introduction de Peter Paillou,
gravé par Mazell, Gravure
coloriée à la main, volume
III

26b *Île de Sable*

26c *Scènes de Nouvelle-Écosse,*
Aquarelles, probablement
de Mercatti, pages CCCXI
et CCCVIII du volume III

26d *Orignal,* oeuvre de George
Stubbs gravée par Mazell,
planche VIII, en regard de
la page 18

26e *Boeuf musqué et femelle
nº 2* de Moses Griffiths,
planche VII, en regard de
la page 8
Épreuves en couleur,
gravures coloriées à la
main, volume I

26f *Chouette rousse, chouette
mouchetée et chouette rayée*
de Moses Griffiths, avec,
en marge, dessin de la
chouette épervière, en
regard de la page 271,
volume I

26g *Canard garrot,* avec, en
marge, dessin du petit garrot, en regard de la page
282, volume II
Gravures coloriées à la
main et aquarelle
Oeuvres tirées de
l'ouvrage *Arctic Zoology,* 3
vol., 2ᵉ éd., Londres, 1792
29,5 cm
Bibliothèque de biologie
Blacker-Wood, Université
McGill, Montréal

Il s'agit de l'exemplaire personnel de Pennant qui est
illustré, dans les marges, de
dessins et d'aquarelles de
Moses Griffith et de Mercatti.
Les gravures ont également été
coloriées à la main, peut-être
en vue d'une autre édition en
couleur.

Pennant s'est inspiré de
nombreuses sources pour son
Arctic Zoology, notamment de
notes prises par Joseph Banks
lors de son expédition à
Terre-Neuve, des récits de
Hearne et d'Ellis (voir ci-
dessous) et de rapports
d'employés de la Compagnie
de la Baie d'Hudson, dont
James Isham. Il reconnaît que
son ouvrage n'est qu'une première tentative:

Ceci ne représente qu'une
partie infime du règne animal
de nos anciens dominions!
Puissent mes modestes travaux
inciter un habitant du pays à
approfondir le sujet! Et c'est
sans regret que je verrai mes
humbles efforts se perdre dans
l'immensité des nouvelles
découvertes.

Mais Pennant doutait que cet
habitant du pays se présente
bientôt:

Des lustres s'écouleront avant
que la colonisation puisse faire
reculer les frontières de
l'Ouest; et, même alors, il fau-
dra que la civilisation prenne
pied, que l'aisance et le luxe
aient cours, pour que ces
études, où l'utile et l'agréable
sont si intimement fondus,
puissent pleinement
s'épanouir.

Dans une certaine mesure, les
savants et explorateurs des dix
– huit et dix-neuvième siècles
ont réalisé cette «immensité
des nouvelles découvertes»
qu'entrevoyait Pennant.

FRANÇOIS-ANDRÉ
MICHAUX
(1770 – 1855)

27a *Pinus rupestris. The Grey Pine*, by Pancrace Bessa, engraved by Bossin
Facing page 49, vol. 1
Stipple engraving, colour-printed à la poupée

27b *Abies canadensis. The Hemlock Spruce*, by Henri-Joseph Redouté, engraved by Bossin
Facing page 138, vol. 1
Stipple engraving, colour printed à la poupée

27c *Quercus ambigua. The Gray Oak*, by Pancrace Bessa, engraved by Gabriel
Facing page 120, vol. 2
Stipple engraving, colour-printed à la poupée

27d *Betula papyracea. Canoe Birch*, by Pancrace Bessa, engraved by Gabriel
Facing page 134, vol. 2
Stipple engraving, colour-printed à la poupée

27e *Carpinus virginiana Hornbeam*, by Pancrace Bessa, engraved by Gabriel
Facing page 57, vol. 3
Stipple engraving, colour-printed à la poupée

27f *Cerasus borealis. The Red Cherry*, by Henri-Joseph Redouté, engraved by Gabriel
Facing page 160, vol. 3
Stipple engraving, colour-printed à la poupée

All works in *Histoire des Arbres Forestiers de l'Amérique Septentrionale* (Paris, 1810 – 1813), 3 vols.
27.0 cm
Biosystematics Library CLBRR, Agriculture Canada, Ottawa

The Michaux, father and son, were early resident botanists in North America. André Michaux was one of the great travelling botanists of the eighteenth century, journeying to the Levant in 1761, and moving to North America in 1785. A correspondent of Sir Joseph Banks and French botanists, Michaux's mission in America was to provide nursery plants for botanic gardens. In 1792 the elder Michaux's botanical explorations took him near the shores of James Bay. The Michaux returned to Paris in 1796, but François-André made a second expedition to America between 1806 and 1808, which resulted in the publication of the *Histoire des Arbres Forestiers*, with coloured stipple engravings by Pancrace Bessa, and Henri-Joseph Redouté, younger brother of the great French botanical painter, Pierre-Joseph.

FRANÇOIS-ANDRÉ
MICHAUX
(1770 – 1855)

27a *Pinus rupestris. Pin divariqué* de Pancrace Bessa, gravé par Bossin, en regard de la page 49

27b *Abies canadensis. Pruche occidentale* de Henri-Joseph Redouté, gravée par Bossin, en regard de la page 138
Gravures au pointillé, tirage en couleur à la poupée, volume un

27c *Quercus ambigua. Chêne gris* de Pancrace Bessa, gravé par Gabriel, en regard de la page 120

27d *Betula papyracea. Bouleau à papier* de Pancrace Bessa, gravé par Gabriel, en regard de la page 134
Gravures au pointillé, tirage en couleur à la poupée, volume deux

27e *Carpinus virginiana. Charme de la Caroline* de Pancrace Bessa, gravé par Gabriel, en regard de la page 57

27f *Cerasus borealis. Cerisier d'Amérique* de Henri-Joseph Redouté, gravé par Gabriel, en regard de la page 160

Gravures au pointillé, tirage en couleur à la poupée, volume trois

Oeuvres tirées de l'ouvrage *Histoire des Arbres Forestiers de l'Amérique Septentrionale*, Paris, 1810 – 1813
27,0 cm
Bibliothèque de recherches biosystématiques, Agriculture Canada

Les Michaux, père et fils, ont été parmi les premiers botanistes qui ont séjourné en Amérique du Nord. André Michaux, un des grands botanistes voyageurs du dix-huitième siècle, se rend en Amérique du Nord en 1785, après avoir voyagé dans les pays du Levant en 1761. Correspondant de Sir Joseph Banks et de certains botanistes français, Michaux a pour mission, en Amérique, de recueillir des plants destinés aux jardins botaniques. En 1792, les explorations d'André Michaux le mènent au pourtour de la baie James. Les Michaux rentrent à Paris en 1796, mais François-André entreprend une seconde expédition en Amérique (1806 – 1808), qui aboutit à la publication de l'*Histoire des Arbres Forestiers*, ornée de gravures au pointillé en couleur de Pancrace Bessa et d'Henri-Joseph Redouté, frère cadet de Pierre-Joseph, le grand peintre de plantes français.

Bessa del.

Gabriel sculp.

Hornbeam.

Carpinus virginiana.

27e

The hundred years between 1750 and 1850 marked the great age of scientific exploration. Scientific societies, governments and princes funded expeditions to explore the natural resources of the New World. Joseph Banks's expedition to Newfoundland, undertaken at his own expense, represented the first of what was to become a commonplace – the scientific expedition. It was the inclusion of Banks, with his artists and naturalists, that made Cook's first voyage to the South Pacific of interest not only to the Admiralty but to the scientific community. Banks's scientific success set the pattern for the voyages and expeditions that followed. Where earlier explorers sought for swift passage to the riches of the Indies, or sources of important economic materials, the circumnavigators of the eighteenth century sought new knowledge. Biological observations of birds, plants, animals, and insects, and studies of rocks and minerals, became as important as geographical, hydrological, or economic observations.

Les cent années qui vont de 1750 à 1850 sont la grande époque des explorations scientifiques. Les cercles scientifiques, les gouvernements et les têtes couronnées organisaient des expéditions afin d'explorer les richesses naturelles du Nouveau Monde. L'expédition de Joseph Banks à Terre-Neuve, entreprise à ses frais, lance ces voyages scientifiques, qui allaient devenir courants. C'est la participation de Banks, accompagné de naturalistes et d'artistes, qui fit l'intérêt du premier voyage de Cook dans le Pacifique Sud, non seulement pour l'Amirauté mais pour les milieux scientifiques. Le succès scientifique remporté par Banks donne la note aux voyages et expéditions qui lui succèdent. À la différence de ceux qui, jusque là, avaient cherché un passage commode vers les richesses des Indes ou des sources de matières importantes pour l'économie, les explorateurs qui font le tour du monde au dix-huitième siècle sont, quant à eux, poussés par la soif du savoir. La foule d'observations réunies sur les roches et minéraux, plantes et insectes, oiseaux et animaux, deviennent aussi précieuses que les observations d'ordre économique et géographique.

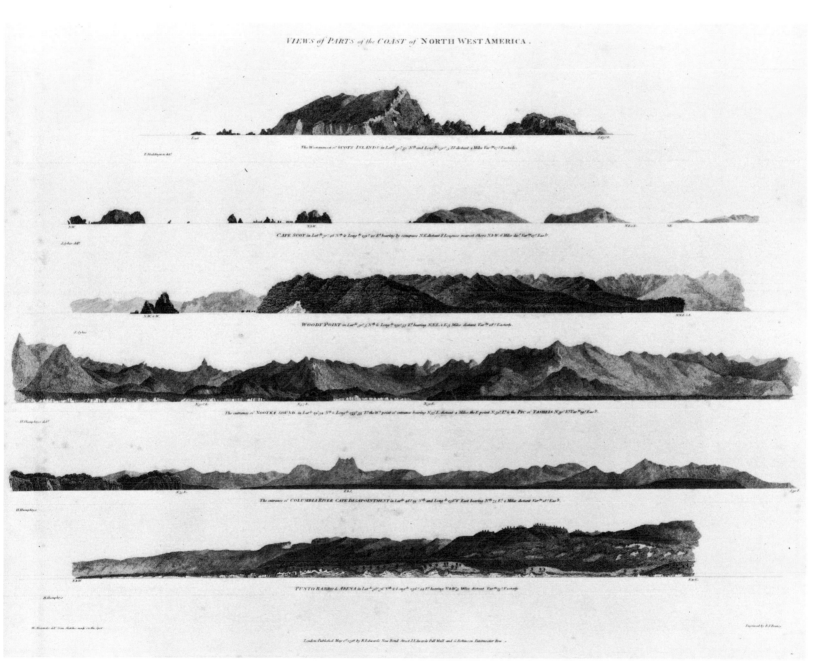

VIEWS of PARTS of the COAST of NORTH WEST AMERICA.

28a

28c

The New Founde Lande A La Terre Neuve

THE BANKS EXPEDITION, 1766

In 1766 Joseph Banks and a companion, Constantine Phipps, set sail for Newfoundland and Labrador in a fishery-protection vessel. Sir Joseph Banks (1743 – 1820) was one of the greatest of the eighteenth-century naturalists, and president of the Royal Society for more than forty years.

Banks published no account of his voyage, but made his collections available to scientists and artists for study and illustration.

L'EXPÉDITION DE BANKS (1766)

En 1766, Joseph Banks et son compagnon, Constantine Phipps, partent pour Terre-Neuve et le Labrador, à bord d'un navire de surveillance de la pêche. Sir Joseph Banks (1743 – 1820) devait être un des plus grands naturalistes du dix-huitième siècle et assumer, pendant plus de quarante ans, la présidence de la Royal Society.

Banks ne publia aucun compte rendu de son voyage, mais il ouvrit ses collections aux savants et aux artistes, pour fins d'étude et d'illustration.

GEORG DIONYSIUS EHRET
(1708 – 1770)

Four plants from the Joseph Banks expedition to Newfoundland and Labrador, 1766.

28a *Rhododendron canadense* 1767
Watercolour on vellum,
47.7 x 33.4 cm

28b *Ledum groenlandicum* 1767
Watercolour on vellum,
33.2 x 23.7 cm

28c *Dryas integrifolia* 1767
Watercolour on vellum,
33.2 x 23.6 cm

28d *Gaultheria hispidula* 1767
Watercolour on vellum,
33.1 x 23.9 cm
Banks notes in his diary that the creeping snowberry (*Gaultheria hispidula*) is 'Calld here Maidinhair & drank by way of a substitute for tea.'

The Natural History Museum, London

Ehret was considered the greatest of the eighteenth-century botanical painters. These works are painted from dried specimens, which Banks brought back from Newfoundland for his herbarium. The watercolours are painted on vellum (prepared sheepskins).

GEORG DIONYSIUS EHRET
(1708 – 1770)

Quatre plantes rapportées lors de l'expédition de Joseph Banks à Terre-Neuve et au Labrador en 1766.

28a *Rhododendron canadense*
47.7 x 33.4 cm

28b *Ledum groenlandicum*
33.2 x 23.7 cm

28c *Dryas integrifolia*
33.2 x 23.6 cm

28d *Gaultheria hispidula*
33.1 x 23.9 cm

Aquarelles sur vélin, 1767
Banks note dans son journal que le chiogène hispide, connu dans la région sous le nom de «petit thé», s'y prend comme ersatz du thé.

The Natural History Museum, Londres

Ehret était considéré comme le plus grand illustrateur de la flore au dix-huitième siècle. Ces oeuvres furent exécutées d'après des spécimens séchés que Banks avait rapportés de Terre-Neuve pour son herbier. Les aquarelles sont peintes sur vélin (peau de mouton apprêtée).

29d

CHARLES COLLINS (n.d.)

Four watercolours of specimens from the Taylor White collection.

29a *Black-Cheeked Eagle of the St. Lawrence Valley*
Watercolour on paper,
54.8 x 37.5 cm
An unusual specimen, possibly a hybrid or immature bird.

29b *Eskimo Curlew* ca 1767
Watercolour on paper,
54.0 x 36.5 cm
Banks observed the huge flocks of this now extinct bird at Chatteaux (Chateaux Bay), Labrador, in August 1766. He noted that the local name was 'curlew,' and that it was 'gregarious.'

29c *Beaver*
Watercolour on paper,
37.0 x 54.5 cm

29d *Raccoon*
Watercolour on paper,
37.6 x 54.0 cm

Blacker-Wood Library of Biology, McGill University, Montreal

CHARLES COLLINS (s.d.)

Quatre spécimens tirés de la collection de Taylor White.

29a *Aigle à joues noires de la vallée du Saint-Laurent*
58.4x 37.5cm
Spécimen inhabituel, oiseau peut-être hybride ou immature.

29b *Courlis des Esquimaux,* vers 1767
54,0 x 36,5 cm
Aquarelles sur papier
Banks aperçut d'énormes formations de ces oiseaux à Chatteaux (baie de Chateaux), au Labrador, en août 1766. Il nota que le nom local de l'oiseau était courlis et qu'il était de tempérament grégaire.

29c *Castor*
37,0 x 54,5 cm

29d *Raton laveur*
37,6 x 54,0 cm
Aquarelles sur papier

Bibliothèque de biologie Blacker-Wood, Université McGill, Montréal

3oa

30b

PETER PAILLOU (n.d.)

Three watercolours from the Taylor White collection.

30a *Blue Jays* February, 1759
Watercolour on paper,
55.5 x 37.9 cm

30b *Male Caribou* ca 1769
Watercolour on paper,
53.5 x 37.5 cm

30c *Female Caribou* ca 1769
Watercolour on paper,
53.5 x 37.5 cm

In 1769, three years after Banks's expedition, a pair of live caribou from Newfoundland or Labrador was shipped via England to Holland. One of the pair died during the voyage, but before their departure from England, they were painted by either Charles Collins or Paillou, probably at Taylor White's request.

Blacker-Wood Library of Biology, McGill University, Montreal

Peter Paillou and Charles Collins were artists who worked for Taylor White (1701 – 1772), a friend of Joseph Banks and a patron of the arts. Banks sent White specimens that his artists then painted. Taylor White insisted that the birds be painted life-size. Paillou also worked for Thomas Pennant, and the frontispiece to *Arctic Zoology* is Paillou's work. The watercolours from White's collection are unsigned, and distinguishing between the work of the two artists is difficult.

PETER PAILLOU (s.d.)

Trois oeuvres tirées de la collection de Taylor White.

30a *Geais bleus* février, 1759
55,5 x 37,9 cm

30b *Caribou mâle*
vers 1769
53,5 x 37,5 cm

30c *Caribou femelle*
vers 1769
53,5 x 37,5 cm

En 1769, trois ans après l'expédition de Banks, un couple de caribous de Terre-Neuve ou du Labrador est envoyé en Hollande via l'Angleterre. L'une des deux bêtes meurt pendant le trajet; mais, avant leur départ d'Angleterre, ils avaient été peints, par Collins ou par Paillou, probablement à la demande de Taylor White.

Bibliothèque de biologie Blacker-Wood, Université McGill, Montréal

Peter Paillou et Charles Collins étaient des artistes qui travaillaient pour Taylor White (1701 – 1772), un mécène ami de Joseph Banks. Banks envoyait à White des spécimens que ses artistes pouvaient alors représenter. White tenait à ce que les oiseaux soient peints grandeur nature. Paillou travaillait aussi pour Thomas Pennant et le frontispice d'*Arctic Zoology* est de sa main. Les aquarelles de la collection de White ne sont pas signées, ce qui rend difficile l'attribution de ces oeuvres à l'un ou à l'autre artiste.

THE HIND EXPEDITION

Almost a century after Banks first sailed to Newfoundland and Labrador, Henry Youle Hind, Canadian educator and scientist, and his artist brother, William G.R. Hind, explored the interior of Labrador.

L'EXPÉDITION DES FRÈRES HIND

Quasi cent ans après le premier voyage de Banks à Terre-Neuve et au Labrador, Henry Youle Hind, éducateur et savant canadien, explora les terres du Labrador, accompagné de son frère, l'artiste William G.R. Hind.

31a

HENRY YOULE HIND
(1823 – 1908)

31a *Mosquito Lake*
Page 187, vol. 1
Chromolithograph

31b *Frontispiece to Volume
One: Third Rapid on the
Moisie*
Facing title page, vol. 1
Chromolithograph

In vol. 1 of *Explorations in
the Interior of the Labrador
Peninsula, the country of the
Montagnais and Nasquapee
Indians* (London, 1863).
23.0 cm
National Library of
Canada, Rare Book
Collection

Almost every explorer and
naturalist has complained of
the mosquitoes and flies. Jens
Munk noted in his voyage to
Hudson Bay in 1619 – 1620,
that 'There was also such a
quantity of gnats that they
were unbearable in calm
weather.' Joseph Banks was
concerned that his companion
Constantine Phipps 'Lets the
Mosquetos eat more of him
than he does of any Kind of
food ... .' Samuel Hearne,
who from his own account
would appear to have been
inured to any kind of hard-
ship, acknowledged that 'it
was almost impossible to sleep
for the muskettoes ... .' Hind
and his companions attempted
to solve the problem by wear-
ing hoods.

HENRY YOULE HIND
(1823 – 1908)

31a *Le lac Mosquito*, page 187,
volume un

31b *Les troisièmes rapides de la
Moisie*, frontispice
Chromolithographies
tirées du volume un de
l'ouvrage *Explorations in
the Interior of the Labrador
Peninsula, the country of the
Montagnais and Nasquapee
Indians/* [*Exploration des ter-
res de la péninsule du
Labrador, contrée des indiens
Montagnais et Nasquapee*],
Londres, 1863.
23,0 cm
Bibliothèque nationale du
Canada, Collection des
livres rares
Bibliothèque Douglas,
Université Queen's

Tous les explorateurs et naturalistes, à bien peu d'exceptions près, se sont plaints des
mouches et des moustiques.
Jens Munk notait, lors de son
voyage à la baie d'Hudson en
1619 – 1620: «Il y avait de
telles nuées de cousins et de
moucherons de toutes sortes
que c'était une torture par
temps calme.» Joseph Banks
s'inquiétait de ce que son
compagnon, Constantine
Phipps, «laissait les moustiques
le dévorer, à un rythme bien
plus rapide qu'il ne pouvait lui
– même ingurgiter quoi que
ce soit...». Même Samuel
Hearne, qui, à l'en croire,
aurait pu être indifférent à tous
les genres de contrariété,
reconnaissait que: « ... il était
quasi impossible de fermer
l'oeil à cause des mous-
tiques...». Hind et ses com-
pagnons tentèrent de se protéger en portant des cagoules.

WILLIAM GEORGE
RICHARDSON HIND
(1833 – 1889)

32 *Labrador Tea Plant* 1861
Watercolour over pencil,
touches of gouache, on
paper, 12.8 x 10.5 cm
Documentary Art and
Photography Division,
National Archives of
Canada, Ottawa (1967-97-
2; neg. no. C-33686)

WILLIAM GEORGE
RICHARDSON HIND
(1833 – 1889)

32 *Thé du Labrador*, 1861
Mine de plomb et
aquarelle avec retouches à
la gouache sur papier,
12,8 x 10,5 cm
Division de l'art docu-
mentaire et de la pho-
tographie, Archives
nationales du Canada,
Ottawa (1967 – 97 – 2;
C – 33686)

33

64

WILLIAM GEORGE
RICHARDSON HIND
(1833 – 1889)

33 *Perpendicular Rocks on the Moisie* 1861
Watercolour on paper, oval 9.8 x 12.7 cm
Agnes Etherington Arts Centre, Queens University, Kingston.
Purchase: Chancellor Richardson Memorial Fund, 1973.

WILLIAM GEORGE
RICHARDSON HIND
(1833 – 1889)

33 *Falaises sur la Moisie,* 1861
Aquarelle sur papier, ovale, 9,8 x 12,7 cm
Agnes Etherington Art Centre, Université Queen's, Kingston.
Achat: Fonds commémoratif Chancelier Richardson, 1973.

WILLIAM GEORGE
RICHARDSON HIND
(1833 – 1889)

64 *Whiskey Jacks* 1861
Gouache and watercolour heightened with gum arabic on card, 8.8 x 12.4 cm
National Gallery of Canada, Ottawa

WILLIAM GEORGE
RICHARDSON HIND
(1833 – 1889)

64 *Geais gris,* 1861
Gouache et aquarelle avec rehauts à la gomme arabique sur carton,
8,8 x 12,4 cm
Musée des beaux-arts du Canada

The Northwest Coast: The Voyage to Nootka | B | La côte du Nord-Ouest: le voyage à Nootka

While the interior of the North American continent remained largely unknown to the eighteenth- and early nineteenth-century scientific community, the West Coast had been extensively studied by expeditions led by the English, the Spanish, the French, and the Russians.

Alors que l'intérieur du continent nord-américain demeurait en grande partie inconnu pour les milieux scientifiques du dix-huitième siècle et du début du dix-neuvième, la côte Ouest avait été sillonnée par des expéditions dirigées tour à tour par des Anglais, des Espagnols, des Français et des Russes.

THE THIRD COOK VOYAGE

Captain James Cook (1728 – 1778) was the greatest of eighteenth-century British navigators. Nootka, on Vancouver Island, which Cook visited in 1778 on his third circumnavigation, became a well known port of call. His first voyage had included a scientific party led by Sir Joseph Banks, and set the standard for scientific work on further explorations.

LE TROISIÈME VOYAGE DE COOK

Le capitaine James Cook (1728 – 1778) fut le plus grand des navigateurs britanniques du dix-huitième siècle. Nootka, situé dans l'île de Vancouver que Cook visita en 1778 au cours de sa troisième circumnavigation, devint un lieu d'escale bien connu. Le premier voyage de Cook avait mobilisé une équipe de savants, sous la direction de Sir Joseph Banks; cette expédition allait servir de modèle aux travaux scientifiques des explorations futures.

34a

34e

WILLIAM WEBB ELLIS
(1756? – 1785)

Five watercolours of birds
from the Cook Third Voyage,
1778.

34a *Owl from Sandwich Sound,
N.W. Coast of N. America*
ca 1778
Watercolour on paper,
30.8 x 19.0 cm

34b *Robin and Varied Thrush,
from Nootka* 1778
Watercolour on paper,
27.7 x 17.7 cm

34c *Tufted Puffin, Alca cirrhata*
1778
Watercolour on paper,
19.0 x 30.7 cm

34d *Least Sandpiper, King
George's Sound* 1778
Watercolour on paper,
14.7 x 18.0 cm

34e *Rufous Hummingbird, from
Nootka* ca 1778
Watercolour on paper,
12.0 x 18.0 cm ·

The Natural History
Museum, London

William Webb Ellis was sur-
geon's mate on the *Discovery*,
one of the Cook expedition's
two ships. In 1782 Banks
bought 115 of Ellis's drawings
of natural-history subjects
made on the voyage.

WILLIAM WEBB ELLIS
(1756? – 1785)

Cinq oeuvres à sujet
d'oiseaux, datant du troisième
voyage de Cook, en 1778.

34a *Hibou du détroit de
Sandwich, côte nord – ouest
de l'Amérique du Nord*
30,8 x 19,0 cm

34b *Merle et grive à collier de
Nootka*
27,7 x 17,7 cm

34c *Macareux huppé, Alca
cirrhata*
19,0 x 30,7 cm

34d *Maubèche de Wilson,
détroit de King George*
14,7 x 18,0 cm

34e *Colibri roux de Nootka*
12,0 x 18,0 cm

Aquarelles sur papier, vers
1778
The Natural History
Museum, Londres

William Webb Ellis était assistant médecin à bord du
Discovery, l'un des deux
navires de l'expédition de
Cook. En 1782, Banks acheta
115 des dessins d'histoire
naturelle exécutés par Ellis
pendant le voyage.

WILLIAM WEBB ELLIS
(1756? – 1785)

35 *Mimulus Gottalus, from
Northwest America*
ca 1778
From the Cook Third
Voyage.
Watercolour on paper,
40.0 x 27.5 cm
The Natural History
Museum, London

WILLIAM WEBB ELLIS
(1756? – 1785)

35 *Mimule ponctué du nord-
ouest de l'Amérique,*
troisième voyage de
Cook,vers 1778
Aquarelle sur papier,
40,0 x 27,5 cm
The Natural History
Museum, Londres

THE BODEGA Y QUADRA BOUNDARY EXPEDITION

Both the English and the Spanish claimed portions of the Northwest Coast. In 1792 an English expedition headed by George Vancouver met a Spanish expedition captained by Bodega y Quadra. Although the meetings proved fruitless as far as settlement of the boundary dispute was concerned, they resulted in a collection of drawings and watercolours by Atanásio Echeverría y Godoy, artist assistant to the Spanish naturalists José Mariano Mociño and José Maldonado.

L'EXPÉDITION DE BODEGA Y QUADRA: LA QUERELLE DES FRONTIÈRES

L'Angleterre et l'Espagne revendiquaient toutes deux certaines parties de la côte du Nord-Ouest. En 1792, une expédition anglaise, dirigée par George Vancouver, rencontrait une compagnie espagnole ayant à sa tête Bodega y Quadra. Bien que les adversaires n'aient pas réussi à régler le différend, les rencontres furent l'occasion d'une série de dessins et d'aquarelles, réalisées par Atanásio Echeverría y Godoy, artiste qui accompagnait les naturalistes espagnols José Mariano Mociño et José Maldonado.

LA PEZCA DE LA SARDINA.

36

attributed to
ATANÁSIO ECHEVERRÍA Y
GODOY
(act. 1792 – 1811)

36 *La Pezca de la Sardina*
1793
Watercolour,
33.5 x 21.0 cm
Inscription: *T.G.* [Tanas
Godoy?]
Canadian Parks Service

Many of the drawings done
on the spot at Nootka were
later copied by other hands at
the Academia de San Carlos
de México. Two drawings of
the same subject are in the
collection of Ministerio de
Asuntos Exteriores in Madrid,
one by Tomás Suría, the other
by F. Lindo.

ATANÁSIO ECHEVERRÍA
Y GODOY,
(trav. 1792 – 1811)
attribution

36 *La pezca de la sardina,*
1793
Aquarelle, 33,5 x 21,0 cm
Inscription: «*T.G.*» (Tanas
Godoy?)
Service canadien des parcs

Beaucoup des dessins faits sur
le motif à Nootka furent plus
tard copiés à La Academia de
San Carlos de México. Deux
dessins du même sujet figurent
dans la collection du ministère
des Affaires extérieures de
Madrid, l'un de Tomás Suría,
l'autre de F. Lindo.

ALBIÁN, MIGUEL

37a *Lonicera nutkensis*
ca 1793
Pen and Ink with wash,
29.5 x 22.7 cm

CASTAÑEDA, F.

37b *Campanula linearis*
ca 1793
Pen and Ink with wash,
29.5 x 22.5 cm

LOPEZ, M.

37c *Claytonia virginiana*
ca 1793
Pen and Ink with wash,
29.7 x 22.5 cm

LINDO, F.

37d *Fumaria cuculata*
ca 1793
Pen and Ink with wash,
29.7 x 23.0 cm

UNKNOWN ARTIST

37e *Loxia cuurvirostra*
ca 1793
Pen and Ink with wash,
29.7 x 22.5 cm

MENDOZA

37e *Diomedea exulans?*
ca 1793
Pen and Ink with wash,
29.5 x 23.0 cm

From a collection of
watercolours from the
Bodega y Quadra expedi-
tion (ca 1793)
Archivo General,
Ministerio de Asuntos
Exteriores, Madrid

ALBIÁN, MIGUEL

37a *Lonicera nutkensis*
vers 1793
encre à la plume,
29,5 x 22,7 cm

CASTAÑEDA, F.

37b *Campanula linearis*
vers 1793
encre à la plume,
29,5 x 22,5 cm

LOPEZ, M.

37c *Claytonia virginiana*
vers 1793
encre à la plume,
29,7 x 22,5 cm

LINDO, F.

37d *Fumaria cuculata*
vers 1793
encre à la plume,
29,7 x 23,0 cm

ANONYME

37e *Loxia cuurvirostra*
vers 1793
encre à la plume,
29,7 x 22,5 cm

MENDOZA

37e *Diomedea exulans?*
vers 1793
encre à la plume,
29,5 x 23,0 cm

Collection d'aquarelles
inspirées de l'expédition
de Bodega y Quadra
vers 1793
Archives générales du
ministère des Affaires
extérieures, Madrid

VIEWS of PARTS of the COAST of NORTH WEST AMERICA.

38

THE VANCOUVER EXPÉDITION

GEORGE VANCOUVER
(1757 – 1798)

38 *Views of Parts of the Coast of North West America*
In *A Voyage of Discovery to the North Pacific Ocean and round the World, in which the coast of north-west America has been carefully examined and accurately surveyed … performed in the years 1790, 1791, 1792, 1793, 1794 and 1795 in the Discovery sloop of war and the armed tender Chatham under the command of Captain George Vancouver,* Atlas of plates (London, 1798).
55.0 cm
National Library of Canada, Rare Book Collection
Special Collections; Douglas Library, Queen's University

The drawing of coastal profiles was an essential part of any exploration. The profiles not only provided navigators with a visual reference, but quite often provided information on the geology and vegetation of the country.

L'EXPÉDITION DE VANCOUVER

GEORGE VANCOUVER
(1757 – 1798)

38 *Profils côtiers du Nord-Ouest de l'Amérique*
Gravure tirée de l'ouvrage *A Voyage of Discovery to the North Pacific Ocean and round the World, in which the coast of north-west America has been carefully examined and accurately surveyed … performed in the years 1790, 1791, 1792, 1793, 1794 and 1795 in the Discovery sloop of war and the armed tender Chatham under the command of Captain George Vancouver./ Voyage de découvertes, à l'océan Pacifique du Nord et autour du monde; dans lequel la côte nord – ouest de l'Amérique a été soigneusement recconnue et exactement relevée…7 [pendant les années 1790, 1791, 1792, 1793, 1794 et 1795, à bord des navires Discovery et Chatham, sous le commandement du capitaine George Vancouver].* Atlas formé de planches, Londres, 1798 [Paris, 1799]
55,0 cm
Bibliothèque nationale du Canada, Collection des livres rares
Bibliothèque Douglas, Université Queen's

Le relevé des profils côtiers constituait une fonction essentielle de toute exploration. Ces tracés fournissaient aux navigateurs non seulement des points de repère visuels, mais aussi des données sur la géologie et la flore du pays.

THE LA PÉROUSE CIRCUMNAVIGATION

Not to be outdone by the English and Spanish, the French mounted their own circumnavigation in 1785 under the command of La Pérouse.

JEAN-FRANÇOIS DE
GALAUP, COMTE DE LA
PÉROUSE
(1741 – 1788)

39 *Frontispiece*, Engraving by
J.M. Moreau
From *A voyage around the
world performed in the years
1785, 1786, 1787, and 1788,
by the Bussole and Astrolabe,*

*under the command of J.F.G.
de La Pérouse*, Atlas of
charts and plates (London,
1799).
46.0 cm
National Library of
Canada, Rare Book
Collection

LA CIRCUMNAVIGATION DE LA PÉROUSE

À l'instar des Anglais et des Espagnols, les Français entreprirent leur propre tour du monde en 1785, sous la direction de La Pérouse.

JEAN-FRANÇOIS DE
GALAUP, COMTE DE LA
PÉROUSE
(1741 – 1788)

39 Frontispice de J.M.
Moreau
Gravure tirée de l'ouvrage
*A voyage around the world
performed in the years 1785,
1786, 1787, and 1788, by the
Bussole and Astrolabe, under
the command of J.F.G. de La
Pérouse/ Voyage de la*

*Pérouse autour du Monde
pendant les années 1785,
1786, 1787 et 1788, publié
conformément au décret du 22
avril 1797, et rédigé par
M.L.A. Milet – Mureau,
(1797)*8. Illustré de dessins
et cartes, Londres,
1799 [Paris, 1930]
46,0 cm
Bibliothèque nationale du
Canada, Collection des
livres rares

THE LITKE EXPEDITION

Feodor Litke's three-year circumnavigation (1826 – 1829) was the last of the great Russian scientific expeditions to the Northwest Coast of America. Litke's crew included two naturalists as well as the artist Aleksandr Postels.

ALEKSANDR FILIPPOVICH
POSTELS
(1801 – 1871) and
F. RUPRECHT (n.d)

40 *Frontispiece*
Lithograph, from
*Illustrationes Algarum in
itinere circa orbem jussu
imperatoris Nicolai I*
(St. Petersburg, 1840)
69.0 cm
The Library of the New
York Botanical Garden,
Bronx, New York

Postels made over a thousand drawings on the expedition, and made a collection of algae. The frontispiece to *Illustrationes Algarum* shows an avid scientist with his soldier-assistant.

L'EXPÉDITION DE LITKE

La circumnavigation de Feodor Litke, qui dura trois ans (1826 – 1829), fut la dernière des grandes expéditions scientifiques des Russes sur la côte nord-ouest de l'Amérique. L'équipe de Litke comprenait deux naturalistes de même que l'artiste Aleksandr Postels.

ALEKSANDR FILIPPOVICH
POSTELS
(1801 – 1871)
et F. RUPRECHT (s.d)

40 Lithographie en frontispice de l'ouvrage
*Illustrationes Algarum in
itinere circa orbem jussu
imperatoris Nicolai I*, Saint-Pétersbourg, 1840
69,0 cm
The Library of the New
York Botanical Garden,
Bronx (New York)

Pendant l'expédition, Postels accumula plus d'un millier de dessins et réunit une collection d'algues. Le frontispice d'*Illustrationes Algarum* représente un savant absorbé par sa recherche, accompagné de son adjoint militaire.

ALGARUM VEGETATIO.

40

The Porcupine

The Quick Hatch, or Wolverene

41c

The Arctic: Meta Incognita C L'Arctique: Meta Incognita

The Arctic was called 'Meta Incognita' (the unknown boundary) by the Elizabethans. By the eighteenth century it was better known, but no less mysterious. The fascination with the arctic that began with the commercial voyages of the eighteenth century intensified in the nineteenth century with the advent of government-financed expeditions for the discovery of a northwest passage, and the search for the lost Franklin expedition.

L'Arctique avait reçu des Élisabéthains le nom de Meta Incognita. Au dix-huitième siècle, la contrée était un peu mieux connue, mais conservait une bonne partie de son mystère. La fascination exercée par l'Arctique, qui débuta avec les voyages commerciaux du dix-huitième siècle, s'intensifia au cours du dix-neuvième, avec l'amorce des expéditions subventionnées par les gouvernements pour la découverte du passage du Nord – Ouest et les recherches organisées pour retrouver l'équipe de Franklin, qui furent vaines.

HENRY ELLIS
(1721 – 1806)

41a *Arctic Mammals*
   Facing page 134

41b *Arctic Birds*
   Facing page 36

41c *The Porcupine and the Quick Hatch or Wolverene*
   Facing page 42

Three engravings in *A Voyage to Hudson's-Bay, by the Dobbs Galley and California, In the Years 1746 and 1747, For Discovering a North West Passage: with an accurate survey of the coast, and a short natural history of the country, together with a fair view of the facts and arguments from which the future finding of such a passage is rendered probable ...*
(London, 1748).
19.5 cm
National Library of Canada, Rare Book Collection
Special Collections, Douglas Library, Queen's University

Ellis and his colleagues were motivated by, as he put it, 'the Hopes of Discovery,' which 'charms those quick and lively Spirits that are not easily fixed by other Views' as well as those 'of a temper opposite' who are animated by 'the Expectation of an Extraordinary Profit.'

Ellis's book includes a number of engravings of birds and mammals, most of which appear to be copied from other sources, most notably George Edwards's *A Natural History of Uncommon Birds ...* Ellis notes his debt to Edwards in his description of the 'white partridge,' whose rightful classification he attributes to 'the ingenious and accurate Mr. Edwards ... .'

HENRY ELLIS
(1721 – 1806)

41a *Mammifères de l'Arctique*, en regard de la page 134

41b *Oiseaux de l'Arctique*, en regard de la page 36

41c *Le porc-épic et le carcajou ou glouton*, en regard de la page 42

Trois gravures tirées de l'ouvrage *A Voyage to Hudson's – Bay, by the Dobbs Galley and California, In the Years 1746 and 1747, For Discovering a North West Passage: with an accurate survey of the coast, and a short natural history of the country, together with a fair view of the facts and arguments from which the future finding of such a passage is rendered probable.../ [Voyage à la baie d'Hudson, à bord du Dobbs Galley et du California, en 1746 et 1747, pour essayer de découvrir le passage du Nord – Ouest: avec un levé exact de la côte, une brève histoire naturelle du pays de même qu'un aperçu des faits et arguments à l'appui de la découverte probable de ce passage...],*
Londres, 1748
19,5 cm
Bibliothèque nationale du Canada, Collection des livres rares

Ellis et ses collègues, pour reprendre les termes de l'explorateur, étaient poussés par «l'espoir de la découverte, ensorceleur pour les esprits vifs et effervescents, qui ne se contentent pas facilement d'autres ambitions» ; d'autres, «d'un tempérament tout à fait à l'opposé, étaient animés par l'appât de gains hors du commun».

L'ouvrage d'Ellis comprend un certain nombre de gravures d'oiseaux et de mammifères, dont la plupart semblent empruntées à d'autres auteurs, notamment à la *Natural History of Uncommon Birds...*, de George Edwards. Ellis le reconnaît, d'ailleurs, dans sa description de la perdrix blanche, dont il attribue la classification exacte à «l'ingénieux et méticuleux M. Edwards».

UNKNOWN ARTIST

42 *Inhabitants of North America near Hudsons Bay with their manner of Killing Wild Fowl* 1768
Engraving on paper,
21.5 x 28.5 cm
Inscription: *Engraved for Drakes Voyages [/] Inhabitants of North America near Hudsons Bay with their manner of Killing Wild Fowl*

Hudson's Bay Company Archives, Provincial Archives of Manitoba (HBCA P-318)

Despite considerable knowledge gained about northern Canada by the mid-eighteenth century, a contemporary publication could still include an engraving of native hunters in kayaks, with a background of palm trees.

ANONYME

42 *Habitants de l'Amérique du Nord, à proximité de la baie d'Hudson, et leur façon d'abattre le gibier à plume,* 1768
Gravure sur papier,
21,5 x 28,5 cm
Inscription: «*Engraved for Drakes Voyages / Inhabitants of North America near Hudsons Bay with their manner of Killing Wild Fowl*»

Archives de la Compagnie de la Baie d'Hudson, Archives provinciales du Manitoba (HBCA P – 318)

Malgré tout ce qu'on devait savoir sur les régions nordiques du Canada au milieu du dix-huitième siècle, une publication de la période donne, sans crainte du ridicule, une gravure de chasseurs autochtones dans leurs kayaks, sur un fond de palmiers.

42

43

SAMUEL HEARNE
(1745 – 1792)

43 *A Winter View in the
Athapuscow Lake*
Engraving on page 248 in
*A journey from Prince of
Wales's Fort in Hudson's
Bay to the Northern Ocean,
undertaken by order of the
Hudson's Bay Company for
the discovery of copper mines,
& a north west passage, &c.
in the years 1769, 1770, 1771
& 1772* (Dublin, 1796).
21.0 cm
National Library of
Canada, Rare Book
Collection
Special Collections;
Douglas Library,
Queen's University

Despite many years spent in
the Canadian Arctic, Hearne
was well-known in European
scientific circles. He was a
correspondent of Pennant, and
refers to *Arctic Zoology*
throughout the text. It is La

Pérouse who is credited with
encouraging Hearne's publication of his journals. According
to the story, La Pérouse seized
Hearne's journals when he
captured Churchill in 1782.
He returned them to Hearne
on condition that they be
published.

Hearne himself refers to the
manner of the naturalist, when
he first encounters the Copper
Indians in June, 1771:

As I was the first [white man]
whom they had ever seen, and
in all probability might be the
last, it was curious to see how
they flocked about me, and
expressed as much desire to
examine me from top to toe,
as an European naturalist
would a non-descript animal.

SAMUEL HEARNE
(1745 – 1792)

43 *Vue du lac Athapuscow en
hiver*, page 248
Gravure tirée de l'ouvrage
*A journey from Prince of
Wales's Fort in Hudson's
Bay to the Northern Ocean,
undertaken by order of the
Hudson's Bay Company for
the discovery of copper mines,
& a north west passage, &c.
in the years 1769, 1770, 1771
& 1772/* [*Voyage de Samuel
Hearne du Fort Prince de
Galles dans la baie d'Hudson
à l'océan nord: entrepris par
ordre de la Compagnie de la
baie d'Hudson, dans les
années 1769, 1770, 1771, et
1772...*], Dublin, 1796
[Paris, 1798]
21,0 cm
Bibliothèque nationale du
Canada, Collection des
livres rares
Bibliothèque Douglas
Université Queen's

Même s'il avait passé de nombreuses années dans l'Arctique

canadien, Hearne n'en était
pas moins fort connu dans les
milieux scientifiques
européens. Il était correspondant de Pennant et, tout au
long de son ouvrage, il ren-
voie à *Arctic Zoology*. C'est La
Pérouse qui semble avoir
encouragé Hearne à publier
son journal de voyage. Selon
la légende, La Pérouse aurait
mis la main sur les papiers de
Hearne au moment de la prise
de Fort Churchill, en 1782. Il
les aurait restitués à Hearne à
condition que ce dernier les
publie.

En faisant le récit de sa première rencontre avec les Inuit
du cuivre, en juin 1771,
Hearne reconnaît le com-
portement même du naturaliste chez ces indigènes:

Comme j'étais le premier
[homme blanc] qu'ils voyaient
et, selon toutes probabilités, le
dernier, ils se pressèrent autour
de moi et exprimèrent un vif
désir de m'examiner de la tête
au pied, à la manière d'un naturaliste européen devant une
bête inconnue.

44

ANDREW MOTZ SKENE
(ca 1796 – 1849)

44 *Jugular Fish and Whale Louse* July 1818
Folio 36 recto from A.M. Skene Sketchbook 1815 – 1821
Pencil and watercolour on wove paper, 22.5 cm
Documentary Art and Photography Division, National Archives of Canada, Ottawa (1988-43-36; neg. no. C-132860).
Purchased in 1988 with a contribution from the Minister of Communications under the terms of the Cultural Property Export and Import Act.

ANDREW MOTZ SKENE
(vers 1796 – 1849)

44 *Jugulaire et pou de la baleine*, folio 36 recto,-juillet 1818
Mine de plomb et aquarelle sur vélin, tirée du
Carnet de croquis d'A.M. Skene, 1815 – 1821
22,5 cm
Division de l'art documentaire et de la photographie, Archives nationales du Canada, Ottawa (1988 – 43 – 36; C – 132860). Achat en 1988, avec l'aide du ministère des Communications et en vertu des dispositions de la Loi sur l'exportation et l'importation des biens culturels.

SIR JOHN ROSS
(1777 – 1856)

45a *A View of the Coloured Snow in Latitude 76.25 N. and Longitude 68.W.*, drawn by Capt. Ross and engraved by Havell
Engraving facing page 138

45b *Island of Disco and Iceberg*, drawn by Skene and engraved by Havell
Engraving facing page 50
Engravings in *A Voyage of discovery made under the orders of the Admiralty in His Majesty's ships Isabella and Alexander for the purpose of exploring Baffin's Bay, and inquiring into the probability of a north west passage* (London, 1819)
26.5 cm
Collections of the Canadian Museum of Nature.

Sir John Ross led a number of expeditions to the Arctic in the early years of the nineteenth century. Andrew Motz Skene accompanied Ross on his first voyage and several of the plates in the account of the expedition are from his drawings. Captain Edward Sabine was assigned to the expedition as naturalist, and Ross was specifically instructed to make collections:

You are to make use of every means in your power to collect and preserve specimens of the animal, mineral, and vegetable, kingdoms as you can conveniently stow on board the ships; and of the larger animals you are to cause accurate drawings to be made, to accompany and elucidate the description of them.

JOHN ROSS, SIR
(1777 – 1856)

45a *Vue de neige colorée, à une latitude de 76,25 N. et à une longitude de 68 O.*, dessinée par le capitaine Ross et gravée par Havell, en regard de la page 138

45b *L'île Disco et un iceberg*, dessin de Skene, gravé par Havell, en regard de la page 50
Gravures tirées de l'ouvrage *A Voyage of discovery made under the orders of the Admiralty in His Majesty's ships Isabella and Alexander for the purpose of exploring Baffin's Bay, and inquiring into the probablility of a north west passage/* [*Voyage d'exploration effectué sur l'ordre de l'Amirauté, à bord des navires de Sa Majesté l'Isabella et l'Alexander, dans le but de reconnaître la baie de Baffin et de se renseigner sur l'existence d'un passage vers le Nord – Ouest*], Londres, 1819
26,5 cm
Collections du Musée canadien de la nature

Sir John Ross dirigea un certain nombre d'expéditions dans l'Arctique au début du dix-neuvième siècle. Andrew Motz Skene accompagnait Ross lors de son premier voyage, et plusieurs des planches qui ornent le compte rendu de l'expédition sont tirées de ses dessins. Le capitaine Edward Sabine avait été affecté à l'expédition en qualité de naturaliste et Ross avait pour mission expresse de constituer des collections:

Vous recourrez à tous les moyens en votre pouvoir pour réunir et préserver des spécimens des règnes minéral, végétal et animal, que vous ferez entreposer correctement à bord des vaisseaux; en ce qui touche les animaux de grande taille, vous ferez en sorte que des dessins précis en soient faits pour accompagner et éclairer leur description.

46

SIR JOHN ROSS
(1777 – 1856)

46 *Island of Ice* 1818
Watercolour over pencil
with pen and ink on wove
paper, 16.3 x 19.6 cm
Inscription: *Island of Ice
July 1818 Latitude 74 N.
Longitude 65 W*
Documentary Art and
Photography Division,
National Archives of
Canada, Ottawa (1973-93;
neg. no. C-101984)

Ross's view of an iceberg was
one of many sketches of the
ice, which was the most
formidable obstacle to the
search for the Northwest
Passage. Ice and icebergs
became a favourite subject of
many nineteenth-century
artists, like Frederick Church,
who relished the sense of des-
olation and awful grandeur
provoked by the idea of the
polar regions. In contrast to
the views of the travellers and
naturalists like Hearne, James
Clark Ross, and Back, who
found the Arctic rich in animal and human life, many
romantic artists depicted the
arctic as 'lifeless' wastes.

JOHN ROSS, SIR
(1777 – 1856)

46 *Île de glace* ,1818
Mine de plomb et
aquarelle avec encre à la
plume sur vélin
Inscription: «*Island of Ice
July 1818 Latitude 74 N.
Longitude 65 W.*» [*Île de
glace, juillet 1818, latitude 74
N. et longitude 65O.*]
16,3 x 19,6 cm
Division de l'art docu-
mentaire et de la pho-
tographie, Archives
nationales du Canada
(1973 – 9 – 3; C – 101984)

Cette image d'un iceberg, de
la main de Ross, est l'un de
nombreux croquis de ce qui
constituait l'obstacle le plus
imposant à la quête du passage
du Nord – Ouest. La glace et
les icebergs devinrent les sujets
favoris de nombreux artistes
du dix-neuvième siècle, dont
Frederick Church, qui se
délectait du sentiment de
désolation et de solennité
grandiose évoqué par les
régions polaires. À la différence des voyageurs et des
naturalistes, tels Hearne, James
Clark Ross et Back, pour qui
l'Arctique était riche de vie
animale et humaine, une foule
d'artistes romantiques ont
représenté ces régions comme
des étendues désertiques et
désolées.

47a

47b

SIR JOHN ROSS
(1777 – 1856)

47a *1st Communication*
Colour lithograph

47b *Muskox*
Colour lithograph

Pages 243 and 350 in vol.
1 of *Narrative of a second
voyage in search of a northwest passage, and of a residence in the Arctic regions
during the years 1829, 1830,
1831, 1832, 1833 ... , including the reports of James Clark
Ross, and the discovery of the
northern magnetic pole*
(London, 1835).
31.0 cm
National Library of
Canada, Rare Book
Collection

JOHN ROSS, SIR
(1777 – 1856)

47a *Première communication*,
page 243

47b *Boeuf musqué*, page 350
Lithographies en couleur
tirées du volume un de
l'ouvrage *Narrative of a second voyage in search of a
north-west passage, and of a
residence in the Arctic regions
during the years 1829, 1830,
1831, 1832, 1833...*, including the reports of James Clark
Ross, and the discovery of the
northern magnetic pole/
[*Relation du second voyage
fait à la recherche d'un passage au nord-ouest par Sir-
John Ross ... et de sa rési-
dence dans les régions
arctiques pendant les années
1829 à 1833 ... y compris les
comptes rendus de James
Clark Ross et la découverte
du pôle magnétique du nord*],
Londres, 1835 [Paris,
1835].
31,0 cm
Bibliothèque nationale du
Canada, Collection des
livres rares
Bibliothèque Douglas,
Université Queen's

SIR GEORGE BACK
(1796 – 1878)

48 *Expedition Doubling Cape
Barrow, July 25,1821,
North-West Territories*
In John Franklin,
*Illustrations for Narrative of a
Journey to the Shores of the
polar Sea in the Years 1819,
20, 21, and 22* (1823)
Aquatint, hand-coloured
on wove paper,
13.6 x 19.8 cm
Inscription: *Drawn by
Lieut. Back, R.N.; Engraved
by Edwd. Finden; EXPEDI-
TION DOUBLING CAPE
BARROW, JULY 25, 1821.
[/] Published March, 1823,
by John Murray*
Documentary Art and
Photography Division,
National Archives of
Canada, Ottawa (1992-
522-5X; neg. no.
C-102848)

Sir George Back was involved
in Arctic exploration from his
first voyage in 1818 under
Captain John Ross to the last
expedition he commanded
himself in 1836. He studied art
in both France and Italy, and
during his travels amassed
hundreds of sketches that were
used as illustrations for a number of the classics of Arctic
exploration. His sketchbook,
which documents his overland
journey of 1825 – 1826,
includes botanical drawings as
well as watercolours of curious
geological features and a
minutely detailed drawing of a
shrimp, *Crangon borealis*. His
sketchbook of 1834 – 1835
also includes drawings of animals, as well as of landscape.
Richard King, the ship's sur-
geon also acted as ship's naturalist on the voyage of 1833 –
1835, and the specimens that
he managed to preserve were
described by John
Richardson, author of the
Fauna-Boreali Americana.

GEORGE BACK, SIR
(1796 – 1878)

48 *Expédition franchissant le
cap Barrow, 25 juillet 1821,
Territoires du Nord-Ouest,*
tirée d'*Illustrations for
Narrative of a Journey to the
Shores of the Polar Sea in the
Years 1819, 20, 21, and 22*
by John Franklin/
[*Illustrations pour le récit
d'un voyage jusqu'aux rives
de la Mer polaire, en 1819,
1820, 1821 et 1822, par John
Franklin*],1823
Aquatinte coloriée à la
main sur vélin,
13,6 x 19,8 cm
Inscription: «*Drawn by
Lieut. Back, R.N.;
Engraved by Edwd.
Finden; EXPEDITION
DOUBLING CAPE BAR-
ROW, JULY 25, 1821./
Published March, 1823, by
John Murray*»/ [*Dessinée par
le lieut. Back, R.N.; gravée
par Edwd. Finden;
EXPÉDITION FRAN-
CHISSANT LE CAP BAR-
ROW, 25 JUILLET 1821,
publiée en mars 1823, par
John Murray*]
Division de l'art docu-
mentaire et de la pho-
tographie, Archives
nationales du Canada,
Ottawa (1992 – 522 –
5X; C – 102848)

Sir George Back participa à
l'exploration de l'Arctique à
compter de son premier voyage, en 1818, sous la direction
du capitaine John Ross,
jusqu'à la dernière expédition,
qu'il commanda lui-même, en
1836. Il avait étudié la peinture en France et en Italie, et,
au cours de ses pérégrinations,
avait amassé des centaines de
croquis, qui servirent à illustrer de nombreux classiques de
l'exploration arctique. Le carnet qui documente son périple
terrestre de 1825 – 1826 ren-
ferme des dessins de plantes,
des aquarelles de curiosités
géologiques et le dessin en
grand détail d'une crevette,
Crangon borealis. Son carnet de
1834 – 1835 compte des
dessins d'animaux aussi bien
que des paysages. Richard
King, médecin du navire,
jouait aussi le rôle de naturaliste de bord pendant le voyage
de 1833 – 1835, et les spécimens qu'il réussit à conserver
ont été décrits par John
Richardson, dans sa *Fauna-
Boreali Americana.*

SIR GEORGE BACK
(1796 – 1878)
and ROBERT HOOD
(1796 – 1821)

49 *The White Wolf and a
View of the Dog Rib Rock*
1823
In John Franklin,
*Illustrations for Narrative of a
Journey to the Shores of the
polar Sea in the Years 1819,
20, 21, and 22* (1823)
Etching and engraving on
wove paper,
13.8 x 19.9 cm
Inscription: *The Landscape
by Lieut. Back R.N.; The
Wolf by Lieut. Hood R.N.;*

*Engraved by Edward Finden
[/] THE WHITE WOLF
AND A VIEW OF THE
DOG RIB ROCK. [/]
Published March 1823; by
John Murray, London.*
Documentary Art and
Photography Division,
National Archives of
Canada, Ottawa (1992-
523-2X; neg. no. C-22109)

The wolf in the engraving is
by Lieutenant Hood, Back's
ill-fated companion on the
first Franklin overland expedition. Hood was killed by a
member of the party, but his
drawings, including *White
Wolf Near Fort Enterprize 1821*,
remained.

GEORGE BACK, SIR
(1796 – 1878)
et ROBERT HOOD
(1796 – 1821)

49 *Le loup blanc et Vue de la
falaise Dog Rib*1823
Dans *Illustrations for
Narrative of a Journey to the
Shores of the polar Sea in the
Years 1819, 20, 21, and 22*
by John Franklin/
[*Illustrations pour le récit
d'un voyage jusqu'aux rives
de la Mer polaire, en 1819,
1820, 1821 et 1822*, par John
Franklin],1823
Eau-forte et gravure sur
vélin, 13,8 x 19,9 cm
Inscription: «*The Landscape
by Lieut. Back R.N.; The
Wolf by Lieut. Hood R.N.;*

*Engraved by Edward Finden
[/] THE WHITE WOLF
AND A VIEW OF THE
DOG RIB ROCK. [/]
Published March 1823; by
John Murray, London.*»/ [*Le
Paysage est du lieut. Back,
R.N., et le Loup, du lieut.
Hood, R.N.; gravée par
Edward Finden et publiée par
John Murray, à Londres.*]
Division de l'art docu-
mentaire et de la pho-
tographie, Archives
nationales du Canada,
Ottawa (1992 – 523 – 2X;
C – 22109)

On doit le loup de la gravure
au lieutenant Hood, l'infor-
tuné compagnon de Back qui
allait disparaître au cours de la
première expédition terrestre
de Franklin, tué par un de ses
camarades. Ses dessins, notamment celui du «*Loup blanc, près
du fort Enterprize 1821*», nous
sont parvenus.

49

July 13th. 1826.

Capt. Back

Encampment between Points King and Sabine.

50

SIR GEORGE BACK
(1796 – 1878)

50 *Encampment between Points Kim and Sabine* 1826
Watercolour on wove paper, 13.7 x 19.0 cm
National Gallery of Canada, Ottawa. Transfer from the Canadian War Memorials, 1921.

By the nineteenth century, the Arctic landscape had become a vehicle for the depiction of the Sublime in art. Many of Back's watercolours reflect his view of the landscape of northern Canada as 'altogether an impressive scene of picturesque and melancholy wilderness.'

GEORGE BACK, SIR
(1796 – 1878)

50 *Campement entre Point King et Point Sabine,* 1826
Aquarelle sur vélin, 13,7 x 19,0 cm
Musée des beaux-arts du Canada. A fait partie des Souvenirs de guerre canadiens jusqu'en 1921.

Au dix-neuvième siècle, le paysage de l'Arctique était devenu l'un des poncifs du sublime dans l'art. Les aquarelles de Back reflètent sa vision du Grand Nord canadien: «des décors tout à fait impressionnants de nature sauvage, pittoresques et empreints de mélancolie».

51b

SCIURUS (TAMIAS) QUADRIVITTATUS.

52c

SIR JOHN RICHARDSON
(1787 – 1865)

52a *Ursus Ferox*, drawn by
  Thomas Landseer, 1828
  Engraving

52b *Canis Lupus Var. Nubilis*,
  drawn by Thomas
  Landseer, 1828
  Engraving

52c *Sciurus (Tamias)
  Quadrivittatus* (Say.),
  etched from Nature by
  Thomas Landseer, 1828
  Engraving

52d *Garrulus Stelleri* (Vieillot)
  Engraving, hand-coloured

52e *Larus Franklinii* (Nobis)
  Engraving, hand-coloured

52f *Strix* (Bubo) *Arctica*
  (Swainson)
  Engraving, hand-coloured

  Plates I, III, and XVI from
  vol. 1, and plates LIV,
  LXXI, XXXII from vol. 2,
  of *Fauna-Boreali Americana;
  or the Zoology of the
  Northern Parts of British
  America: containing descriptions of natural history collect-
  ed in the late northern land
  expeditions; under command
  of Captain J. Franklin, R.N.*

(London, 1839), 2 vols.
29.0 cm
Collections of the
Canadian Museum of
Nature

Richardson relied not only on
his own collections and experience but also on material
from Parry, the Hudson's Bay
Company Museum, the
British Museum, and the
Zoological Society. He was
assisted in his endeavour by
some of the ablest naturalists

of the early nineteenth century, including the well known
ornithologist and artist
William Swainson.
Richardson had high praise
for Franklin, and noted in his
introduction that in his northern journeys he had 'met with
kind friends whose agreeable
society beguiled the tedium of
a lengthened residence in the
Arctic Wilds.'

54

GARRULUS STELLERI.

London, Printed for John Murray, Bookseller to the Admiralty, January 1st 1829.

52d

JOHN RICHARDSON, SIR
(1787 – 1865)

52a *Ursus ferox*, dessin de
Thomas Landseer, 1828

52b *Canis lupus var. Nubilis*,
dessin de Thomas
Landseer, 1828

52c *Sciurus (Tamias) quadrivit-*
tatus (Say.), gravé d'après
nature par Thomas
Landseer, 1828
Gravures (pl. I, III et XVI)
tirées du volume un

52d *Garrulus stelleri* (Vieillot)

52e *Larus franklinii* (Nobis)

52f *Strix (Bubo) arctica*
(Swainson)
Gravures (pl. LIV, LXXI et
XXXII) coloriées à la main
et tirées du volume deux
de l'ouvrage *Fauna-Boreali*
Americana; or the Zoology of
the Northern Parts of British
America: containing descrip-
tions of natural history collect-
ed in the late northern land
expeditions; under command
of Captain J. Franklin,
R.N./ [*Fauna – Boreali*
Americana ou Zoologie du
Nord de l'Amérique britan-
nique, renfermant des descrip-
tions d'histoire naturelle
recueillies au cours d'expédi-
tions récentes dans les régions
nordiques, sous le commande-
ment du capitaine J.
Franklin, R.N.], Londres,
1839, 2 vol.
29,0 cm
Collections du Musée
canadien de la nature

Richardson pouvait compter
sur ses propres collections et
sur son expérience, mais aussi
se reporter aux spécimens
recueillis par Parry, par le
musée de la Compagnie de la
Baie d'Hudson, par le British
Museum et par la Zoological
Society. Ses efforts furent sec-
ondés par certains des meilleurs naturalistes des débuts du
dix-neuvième siècle, notamment l'ornithologiste et artiste
réputé William Swainson.
Richardson avait très haute
opinion de Franklin et, dans
son introduction, observe que
pendant ses voyages
nordiques, il s'était fait «de
bons amis, dont l'agréable
société avait égayé un séjour
prolongé dans les terres
désolées de l'Arctique».

SAMUEL GURNEY
CRESSWELL
(act. ca 1850 – 1854)

53 *Sledging over Hummocky*
Ice 1854
No. VIII in *A Series of*
Eight Sketches ... by Lieut.
S.G. Cresswell ... Northwest
Passage, London, 1854
Colour lithograph on
wove paper,
32.1 x 41.0 cm
Inscription: *LIEUT. S.*
GURNEY CRESWELL.
DEL W. SIMPSON, LITH.,
LONDON, PUBLISHED
15TH MAY, 1854, BY DAY &
SON, GATE ST., LINC.
INN FDS. & ACKER-
MANN & CO., STRAND
[/] *VIII.* [/] *SLEDGING*
OVER HUMMOCKY ICE
[/] *April, 1853* [/] *PRINT-*
ED IN COLOURS BY DAY
& SON, LITHRS. TO THE
QUEEN.
Documentary Art and
Photography Division,
National Archives of
Canada, Ottawa (1989-
398-8X; neg. no.
C-041013)

SAMUEL GURNEY
CRESSWELL
(trav. vers 1850 – 1854)

53 *En traîneau sur les glaces*
moutonnées, 1854
Tirée de *A Series of Eight*
Sketches ... by Lieut. S.G.
Cresswell ... Northwest
Passage, Londres, 1854, n°
VIII
Lithographie en couleur
sur vélin, 32,1 x 41,0 cm
Inscription: «*LIEUT. S.*
GURNEY CRESWELL.
DEL W. SIMPSON, LITH.,
LONDON, PUBLISHED
15TH MAY, 1854, BY DAY
& SON, GATE ST., LINC.
INN FDS. & ACKER-
MANN & CO., STRAND/
VIII./ SLEDGING OVER
HUMMOCKY ICE/ April,
1853/ PRINTED IN
COLOURS BY DAY &
SON, LITHRS. TO THE
QUEEN»/ [*LIEUT. S.*
GURNEY CRESWELL.
EXÉCUTÉE PAR W.
SIMPSON, GRAVEUR,
LONDRES, PUBLIÉE LE
15 MAI 1854 PAR DAY &
SON, GATE ST., LINC.
INN FDS. ET ACKER-
MANN & CO., STRAND,
VIII. EN TRAÎNEAU SUR
LES GLACES MOUTON-
NÉES, AVRIL 1853, TIRÉE
EN COULEUR PAR DAY
& SON, GRAVEURS DE
LA REINE»]
Division de l'art docu-
mentaire et de la pho-
tographie, Archives
nationales du Canada,
Ottawa (1989 – 398 – 8X;
C – 041013)

SAMUEL GURNEY
CRESSWELL
(act. ca 1850 – 1854)

54 *Melville Island from Banks'
Land, North-West
Territory* 1854
No. VI in *A Series of Eight
Sketches ... by Lieut. S.G.
Cresswell ... Northwest
Passage*, London, 1854
Colour lithograph on
wove paper,
31.3 x 41.2 cm.

Inscription: *LIEUT. S.
GURNEY CRESWELL.
DEL W. SIMPSON, LITH.,
LONDON, PUBLISHED
15TH MAY,1854, BY DAY
& SON, GATE ST., LINC.
INN FDS. & ACKER-
MANN & CO., STRAND
[/] VI. [/] MELVILLE
ISLAND FROM BANKS'
LAND [/] April, 1853 [/]
PRINTED IN COLOURS
BY DAY & SON, LITHRS.
TO THE QUEEN.*
Documentary Art and
Photography Division,
National Archives of
Canada, Ottawa
(1989-398-6X;
neg. no. C-134161)

SAMUEL GURNEY
CRESSWELL
(trav. vers 1850 – 1854)

54 *L'île Melville depuis la Terre
de Banks, Territoires du
Nord-Ouest* 1854
Tirée de *A Series of Eight
Sketches ... by Lieut. S.G.
Cresswell ... Northwest
Passage*, Londres, 1854,
n° VI

Lithographie en couleur
sur vélin, 31,3 x 41,2 cm
Inscription: «*LIEUT. S.
GURNEY CRESWELL.
DEL W. SIMPSON, LITH.,
LONDON, PUBLISHED
15TH MAY,1854, BY DAY
& SON, GATE ST., LINC.
INN FDS. & ACKER-
MANN & CO., STRAND/
VI./ MELVILLE ISLAND
FROM BANKS' LAND/*

*April, 1853/ PRINTED IN
COLOURS BY DAY &
SON, LITHRS. TO THE
QUEEN*»/ [*LIEUT. S.
GURNEY CRESWELL.
EXÉCUTÉE PAR W.
SIMPSON, GRAVEUR,
LONDRES, PUBLIÉE LE
15 MAI 1854 PAR DAY &
SON, GATE ST., LINC.
INN FDS. ET ACKER-
MANN & CO., STRAND,
VI. L'ÎLE MELVILLE
DEPUIS LA TERRE DE
BANKS, AVRIL 1853,
TIRÉE EN COULEUR
PAR DAY & SON,
GRAVEURS DE LA
REINE*]
Division de l'art docu-
mentaire et de la pho-
tographie, Archives
nationales du Canada,
Ottawa (1989 – 398 – 6X;
C – 134161)

54

55

THOMAS MITCHELL
(d. 1924)

55 *The Double Glacier,*
Buchanan Bay,
Ellesmere Island,
Northwest Territories
August 4 – 5, 1875
From 'Sketches made dur-
ing the Voyage of the
'Discovery' and 'Alert' to
the Polar Sea - 1875-6.
under the Command of
Captain Sir George S.
Nares K.C.B. F.R.S. Sailed
from Portsmouth 29 May,
1875. Arrived Valentia
(Ireland) 27 Oct. 1876.'
Watercolour over pencil
with opaque white on
wove paper,
22.0 x 34.2 cm

Inscription: *The Double*
Glacier. Buchanan Sound.
Sketched from the 'Discovery'
[/] the 'Alert' in shore landed
a party to [/] walk to the
Glacier. They were recalled
by [/] a Gun. The Glacier
was 6 miles from the beach.
Documentary Art and
Photography Division,
National Archives of
Canada, Ottawa
(1936-259-5;
neg. no. C-027827)

Mitchell served as both photographer and watercolourist
to the Nares Expedition of
1875 – 1876.

THOMAS MITCHELL
(mort en 1924)

55 *Le double glacier, baie de*
Buchanan, île Ellesmere,
Territoires du Nord-Ouest
tirée de «Sketches made
during the Voyage of the
'Discovery' and 'Alert' to
the Polar Sea – 1875-6.
under the Command of
Captain Sir George S.
Nares K.C.B. F.R.S. Sailed
from Portsmouth 29 May,
1875. Arrived Valentia
(Ireland) 27 Oct. 1876.»/
[Croquis réalisés au cours
du voyage du «Discovery»
et de l'«Alert» jusqu'à la
Mer polaire – 1875 –
1876, sous le commande-
ment du capitaine Sir
George S. Nares, K.C.B.,
F.R.S. Départ de
Portsmouth le 29 mai
1875. Retour à Valentia
(Irlande) le 27 octobre
1876.]4 – 5 août 1875
Mine de plomb et
aquarelle avec touches de
blanc sur vélin,
22,0x34,2cm

Inscription: «*The Double*
Glacier. Buchanan Sound.
Sketched from the
«Discovery»/ the «Alert» in
shore landed a party to/ walk
to the Glacier. They were
recalled by/a Gun. The
Glacier was 6 miles from the
beach.»/ [Le double glacier.
Détroit de Buchanan.
Réalisée à bord du
«Discovery»; l'«Alert» au
rivage; un groupe s'était
rendu à terre pour aller voir le
glacier. On les rappela en
tirant un coup de canon. Le
glacier était à 6 milles de la
rive.]
Division de l'art docu-
mentaire et de la pho-
tographie, Archives
nationales du Canada,
Ottawa (1936 – 259 – 5;
C – 027827)

Mitchell agit en qualité tant de
photographe que d'aquarelliste
lors de l'expédition de Nares,
en 1875 – 1876.

Fur traders had crossed the vast interior of Canada in the eighteenth century, but it was not until the nineteenth that the westward expansion of settlement opened the prairies to the view of European artists.

Les traiteurs de pelleteries avaient parcouru les vastes territoires de l'intérieur du Canada au cours du dix-huitième siècle, mais ce n'est qu'au dix-neuvième que la percée colonisatrice dans l'Ouest donna l'occasion aux artistes européens de représenter les Prairies.

56

PETER RINDISBACHER
(1806 – 1834)
56 *A Cow Buffalo of the Red River* ca 1822
Watercolour, pen and ink, over pencil on paper
15.3 x 21.9 cm

Inscription: *Eine Buffelkuke vom rothen Fluss nach der Natur gezeichnet*
Documentary Art and Photography Division, National Archives of Canada, Ottawa
(1988-250-30; neg. no. C-001931)

PETER RINDISBACHER
(1806 – 1834)
56 *Bison femelle, rivière Rouge,*vers 1822
Aquarelle, mine de plomb et encre à la plume sur papier
15,3 x 21,9 cm

Inscription: «*Eine Buffelkuke vom rothen Fluss nach der Natur gezeichnet*»/ [*Bison femelle de la rivière Rouge. Dessin d'après nature*]
Division de l'art documentaire et de la photographie, Archives nationales du Canada, Ottawa (1988 – 250 – 30; C – 001931)

58

PETER RINDISBACHER
(1806 – 1834)

57   *A Sturgeon of the Red
     River* ca 1821
     Watercolour over pencil,
     on paper, 15.8 x 22.2 cm
     Inscription: *Ein störfisch von
     dem rothen Fluss. Nach der
     Natur gezeichnet*
     Documentary Art and
     Photography Division,
     National Archives of
     Canada, Ottawa
     (1988-250-26;
     neg. no. C001927)

Rindisbacher was a talented
young Swiss artist who settled
with his family in the Red
River colony. He moved
south to Illinois where he
continued to paint until his
untimely death in 1834.

PETER RINDISBACHER
(1806 – 1834)

57   *Esturgeon, rivière Rouge,-
     vers* 1821
     Mine de plomb et
     aquarelle sur papier,
     15,8 x 22,2 cm
     Inscription: «*Ein störfisch
     von dem rothen Fluss. Nach
     der Natur gezeichnet*»/
     [*Esturgeon de la rivière
     Rouge. Dessin d'après
     nature*]
     Division de l'art docu-
     mentaire et de la pho-
     tographie, Archives
     nationales du Canada,
     Ottawa (1988 – 250 – 26;
     C – 001927)

Rindisbacher était un jeune
artiste suisse plein de talent,
qui s'était établi avec sa famille
dans la colonie de la rivière
Rouge. Il devait plus tard
s'installer au sud, dans
l'Illinois, où il a continué à
peindre jusqu'à sa mort pré-
maturée, en 1834.

HENRY JAMES WARRE
(1819 – 1898)

58   *Pass in the Rocky
     Mountains, Alberta* 1845
     From 'Journey to and
     from the Oregon
     Territory, 1845 – 1846'
     Watercolour over pencil,
     with touches of gouache
     and gum arabic on wove
     paper, 24.7 x 34.7 cm
     Inscription: *[Pass in the
     Mountains. July 24; 1845]*
     Documentary Art and
     Photography Division,
     National Archives of
     Canada, Ottawa (1965-76-
     35; neg. no. C-031272)

HENRY JAMES WARRE
(1819 – 1898)

58   *Col des montagnes
     Rocheuses, en Alberta*,1845
     Tiré de «*Journey to and from
     the Oregon Territory, 1845 –
     1846*»
     Mine de plomb et
     aquarelle, avec touches de
     gouache et gomme ara-
     bique sur vélin,
     24,7 x 34,7 cm
     Inscription: «*Pass in the
     Mountains. July 24; 1845*»/
     [*Col de montagne. 24 juillet
     1845*]
     Division de l'art docu-
     mentaire et de la pho-
     tographie, Archives
     nationales du Canada,
     Ottawa (1965 – 76 – 35;
     C – 031272)

59

THOMAS MILES
RICHARDSON JR.
(1813 – 1890)

after HENRY JAMES WARRE
(1819 – 1898)

59 *Distant view of the Rocky
Mountains, Alberta* ca 1848
Watercolour with opaque
white and pencil on paper,
25.3 X 41.2 cm
Documentary Art and
Photography Division,
National Archives of
Canada, Ottawa
(1969-4-38; neg.
no. C-001615)

Henry James Warre spent only
seven years in Canada, but he
kept extensive journals supple-
mented by watercolours and
sketches. His official duties
took him on a secret mission
to the Oregon Territory. Even
in the mid-nineteenth century
few Europeans had traversed
the Rocky Mountains from
the prairies, and in 1848,
Warre published a set of
lithographs documenting his
Oregon expedition. Warre
reworked his initial sketches,
often increasing their 'picturesque' value. These were in
turn reworked for publication
by Richardson, a noted watercolourist, who provided the
publishers with a finished
work designed to suit the
lithographic process.

THOMAS MILES
RICHARDSON, JR.
(1813 – 1890)
D'après
HENRY JAMES WARRE
(1819 – 1898)

59 *Les Rocheuses vues de loin,
en Alberta*,vers 1848
Aquarelle avec mine de
plomb et touches de blanc
sur papier, 25,3x 41,2 cm
Division de l'art docu-
mentaire et de la pho-
tographie, Archives
nationales du Canada,
Ottawa (1969 – 4 – 38;
C – 001615)

Henry James Warre ne séjourna que sept ans au Canada,
mais il tient pendant cette
période un journal minutieux,
qu'il illustre de croquis et
d'aquarelles. Ses fonctions
officielles l'amènent à accom-
plir une mission secrète dans le
territoire de l'Oregon. Même
au milieu du dix-neuvième
siècle, peu d'Européens
avaient franchi les Rocheuses
du côté des Prairies. En 1848,
Warre publie un album de
lithographies sur son expédition en Oregon. L'artiste a
retouché ses croquis, souvent
pour les relever d'une note de
«pittoresque». Ces croquis ont
ensuite été retravaillés aux fins
de publication par
Richardson, aquarelliste de
marque, qui remettait aux
lithographes une oeuvre finie,
répondant aux exigences de la
technique.

HENRY YOULE HIND
(1823 – 1908)

60a *The Prairie Looking West*
Page 134
Chromoxylograph, vol. 1

60b *Ammonite Barstoni*
Pages 312-313
Engraving, vol. 2

In *Narrative of the Canadian
Red River Exploring
Expedition of 1857, and of
the Assiniboine and
Saskatchewan Exploring
Expedition of 1858*
(London, 1860),
2 vols.
23.0 cm
National Library of
Canada, Rare Book
Collection
Special Collections;
Douglas Library,
Queen's University

Hind was accompanied on his
expedition of 1857 not by a
painter/illustrator, but by a
photographer, Humphrey
Lloyd Hime. The original
photographs were then used as
the basis for the book illustrations.

HENRY YOULE HIND
(1823 – 1908)

60a *La Prairie, vue vers l'Ouest*,
page 134

60b *Ammonite Barstoni*, pages
312 – 313
Chromoxylographie tirée
du volume un et gravure
tirée du volume deux de
l'ouvrage *Narrative of the
Canadian Red River
Exploring Expedition of
1857, and of the Assiniboine
and Saskatchewan Exploring
Expedition of 1858/* [*Récit
d'un voyage d'exploration à
la rivière Rouge, à
l'Assiniboine et à la
Saskatchewan, en 1858*],
Londres, 1860, 2 vol.
23,0 cm
Bibliothèque nationale du
Canada, Collection des
livres rares
Bibliothèque Douglas,
Université Queen's

Lors de son expédition de
1857, Hind était accompagné
non pas d'un peintre-illustra-
teur, mais d'un photographe,
Humphrey Lloyd Hime. Les
photographies originales ont
servi de modèles aux illustrations du livre.

WILLIAM GEORGE
RICHARDSON HIND
(1833 – 1889)

61 *Grouse Shooting near the
Rocky Mountains*
1862
Watercolour over pencil
on wove paper,
13.5 x 22.7 cm
Inscription: *No 14* [/]
Grouse Shooting [/] *In the
Rocky Mountains.* [/] *Clever
Men to stand on the Grop* [?]
point.
Documentary Art and
Photography Division,
National Archives of
Canada, Ottawa (1937-
290-1; neg. no. C-13973)

WILLIAM GEORGE
RICHARDSON HIND
(1833 – 1889)

62 *Buffalo Herd, South
Saskatchewan River near
Elbow, Saskatchewan* 1862?
Watercolour on paper,
10.4 x 17.7 cm
J. Ross Robertson
Collection, Metropolitan
Toronto Reference
Library

WILLIAM GEORGE
RICHARDSON HIND
(1833 – 1889)

61 *Chasse au faisan, près des
Rocheuses*,1862
Mine de plomb et
aquarelle sur vélin,
13,5 x 22,7 cm
Inscription: «*No 14/
Grouse Shooting/ In the
Rocky Mountains./ Clever
Men to stand on the Grop
point.*»/ [*Nº 14, Chasse au
faisan dans les Rocheuses.
Les plus astucieux se sont
postés sur la pointe Grop*]
Division de l'art docu-
mentaire et de la pho-
tographie, Archives
nationales du Canada
(1937 – 290 – 1;
C – 13973)

WILLIAM GEORGE
RICHARDSON HIND
(1833 – 1889)

62 *Troupeau de bisons, rivière
Saskatchewan Sud près de
l'Elbow, en Saskatchewan,-
1862?*
Aquarelle sur papier,
10,4 x 17,7 cm
Collection J. Ross
Robertson, Metropolitan
Toronto Reference
Library

WILLIAM GEORGE
RICHARDSON HIND
(1833 – 1889)

63 *North Western Prairie with
    Buffalo No. 7* 1862
    Oil on card,
    15.0 x 20.5 cm
    Private Collection

William Hind did not accompany his brother on his expedition to the Red River, but he did make the trip across the prairies with the Overlanders in 1862. Hind's unique manner of rendering landscape has been attributed variously to Ruskin's theories of naturalism in art, to the influence of photography (it is interesting to compare the illustrations in his brother's book of 1860 with Hind's own depiction of the prairies), and to a scientific interest. Hind's close association with his brother likely acquainted him with the work of scientific illustrators, and Hind's interest in portraying the minutiae of the natural world would suggest a connection with the traditions of natural-history painting in the mid-nineteenth century.

WILLIAM GEORGE
RICHARDSON HIND
(1833 – 1889)

63 *Prairie du Nord-Ouest,
    avec bison n° 7,*1862
    Huile sur carton, 15,0 x
    20,5 cm
    Collection particulière

William Hind n'était pas de la partie lors de l'expédition de son frère dans la région de la rivière Rouge, mais il devait traverser les Prairies en compagnie des Overlanders en 1862. On a cru discerner, dans la manière originale de ses paysages, l'écho des théories de Ruskin sur le réalisme en art, l'influence de la photographie (il est intéressant de comparer les illustrations du livre de son frère datant de 1860 avec la représentation que lui – même donne des Prairies) ou encore un intérêt pour la science. Les rapports étroits de l'artiste avec son frère lui avaient sans doute permis de se familiariser avec les travaux des illustrateurs scientifiques; d'ailleurs, son intérêt pour la représentation du monde naturel dans ses moindres détails suggère un lien avec les traditions de la peinture d'histoire naturelle du milieu du dix-neuvième siècle.

63

65

SYDNEY PRIOR HALL
(1842 – 1922)

65 *Prairie Dogs* 1881
From 'Canada 1878
North-West 1881'
Pencil on laid paper,
6.4 x 11.5 cm
Documentary Art and
Photography Division,
National Archives of
Canada, Ottawa
(1984-45-251X;
neg. no. C-013052)

SYDNEY PRIOR HALL
(1842 – 1922)

65 *Chiens de prairie*,1881
«Canada 1878 North-West
1881»
Mine de plomb sur papier
vergé, 6,4 x 11,5 cm
Division de l'art docu-
mentaire et de la pho-
tographie, Archives
nationales du Canada,
Ottawa
(1984 – 45 – 251X;
C – 013052)

SYDNEY PRIOR HALL
(1842 – 1922)

66 *Prickly Pear Plants at the
Red Deer River, Alberta*
From 'Canada 1878
North-West 1881'
1881
Pencil on laid paper,
11.2 x 18.6 cm
Documentary Art and
Photography Division,
National Archives of
Canada, Ottawa
(1984-45-168X;
neg. no. C-012970)

Hall was a newspaper illustrator invited by the marquis of
Lorne to accompany him on
his western travels, and report
back on the opportunities
afforded by the new Dominion. These two drawings from
Hall's sketchbook 'Canada
1878-North-West 1881' are
only a few of the sketches of
trees, plants, and animals
which populate his notebooks.

SYDNEY PRIOR HALL
(1842 – 1922)

66 *Figuiers de barbarie, rivière
Red Deer, en Alberta*,1881
«Canada 1878 North-West
1881»
Mine de plomb sur papier
vergé, 11,2 x 18,6 cm
Division de l'art docu-
mentaire et de la pho-
tographie, Archives
nationales du Canada,
Ottawa
(1984 – 45 – 168X;
C – 012970)

Hall était un illustrateur de
journal que le marquis de
Lorne avait invité à l'accompagner lors de ses voyages dans
l'Ouest, pour qu'il fasse con-
naître la multitude de
débouchés qu'offrait le nouveau dominion. Ces deux
dessins du carnet «Canada
1878-Nord-Ouest -1881» sont
caractéristiques des multiples
croquis de plantes, d'arbres et
d'animaux qui figurent dans
les albums de l'auteur.

Philip Henry Gosse, author of *The Canadian Naturalist* (1840) landed in Carbonear, Newfoundland, in 1827 to work for a merchant firm. For many nineteenth-century readers Gosse was the ultimate naturalist, publishing popular natural history on everything from tide pools to home aquaria. His interests were emulated by thousands of people who found natural history an absorbing passion. The interests of the botanist, entomologist or geologist were no longer restricted to the *curioso* and scientist, but taken up by vast numbers of people. Until the third quarter of the nineteenth century, scientific pursuits were perceived as being akin to religious devotions, an unravelling of the work of the Creator. Wading in tidepools, collecting butterflies, and pressing flowers were suitable activities for a Sunday afternoon, and acceptable accomplishments for everyone from clergyman to countess. Books on natural history were best-sellers throughout the Victorian period, and the introduction of colour lithography placed finely illustrated books within reach of most pockets.

The traditions and aesthetics of natural-history illustration became well known, and in British North America the urge to depict plants, insects, and animals resulted in manuscripts and books of great felicity and charm. In the early nineteenth century – the age before the camera – the ability to sketch and paint was widespread. The amateur naturalist was often also an accomplished amateur artist who left sketchbooks and albums full of watercolours of local plants and animals.

Philip Henry Gosse, auteur du *Canadian Naturalist* (1840), débarqua à Carbonear (Terre-Neuve) en 1827 et entra au service d'une entreprise commerciale. Pour une foule de lecteurs du dix-neuvième siècle, Gosse est le naturaliste par excellence; il publie des textes à succès en histoire naturelle, sur tous les sujets concevables – depuis les mares frémissantes de vie du littoral jusqu'aux aquariums de maison. Il convertit des milliers de gens, qui se découvrent une passion pour les mystères de la nature. Les intérêts du botaniste, de l'entomologiste ou du géologue ne sont plus l'apanage des seuls collectionneurs de curiosités ou des savants, ils font les délices des multitudes. Jusqu'aux années 1870, on a vu dans les activités à tendance scientifique une sorte d'extension de la dévotion religieuse, un patient déchiffrage du travail du Créateur. Patauger dans les mares, aller à la chasse aux papillons et s'appliquer au séchage des fleurs sont devenus des *hobbies* dominicaux tout à fait respectables, qui conviennent à plusieurs couches de la société, des ecclésiastiques aux grandes dames en passant par le modeste employé. Les livres d'histoire naturelle se vendent comme des petits pains pendant toute la période victorienne, et l'apparition de la lithographie en couleur met le beau livre illustré à la portée de quasi toutes les bourses.

Les traditions et l'esthétique de l'illustration d'histoire naturelle sont largement diffusées et, en Amérique du Nord britannique, le désir de représenter plantes, insectes et animaux motive la réalisation de manuscrits et d'ouvrages de belle tenue et d'un grand charme. Au début du dix-neuvième siècle – avant l'avènement de la photographie – on cultivait l'art du croquis et de l'aquarelle. Souvent, le naturaliste amateur était aussi un peintre accompli, dont les carnets et albums restent une riche source de documentation sur les plantes et animaux de sa région.

* magnified.

magnified.

⚹ magnified.

† magnified.

‖ magnified.

§ magnified

Ampelis Garrulus
Waxen Chatterer.

67a

CHARLES FOTHERGILL
(1782 – 1840)

67a *Waxen Chatterer*
Watercolour on paper

67b *Tree Sparrow*
Watercolour on paper

Fothergill Notebooks,
vol. 3 (1800 – 1812)
24.0 cm
Fothergill Papers, Thomas
Fisher Rare Book Library,
University of Toronto

CHARLES FOTHERGILL
(1782 – 1840)

67a *Jaseur des cèdres*

67b *Bruant hudsonien*
Aquarelles tirées des
Carnets, vol. 3, 1800 – 1812
24,0 cm
Dossiers Fothergill,
Bibliothèque des livres
rares Thomas Fisher,
Université de Toronto

CHARLES FOTHERGILL
(1782 – 1840)

68a *Medusa*
Watercolour on paper

68b *Rose-Breasted Grosbeak*
Watercolour on paper

Page 242 and pages 192 –
193 in 'Canadian
Researches Chiefly in
Natural History, com-
menced in the autumn of
1816. Materials for a
Natural History of the
World, vol 1st.,' Fothergill
Notebooks, vol. 20
(1816-1837)
19.0 cm
Fothergill Papers, Thomas
Fisher Rare Book Library,
University of Toronto

Charles Fothergill was born
into an English Quaker family
with a long tradition of natural-history interests. Dr John
Fothergill, Charles's great-
uncle, worked with both
George Edwards and the
American naturalist William
Bartram. Charles Fothergill
moved to Canada in 1816,
bringing with him his family
traditions and a 'love for the
pursuits of Natural History.'
His great project was a
manuscript book he entitled
'Memoirs and Illustrations of
the Natural History of the
British Empire,' but never
published. He also attempted
to establish a provincial museum, along the lines of Peale's
Museum in Philadelphia,
which he had visited.

Fothergill's notebooks con-
tain sketches and watercolours
of birds, insects, fish, executed
with great delicacy in the tradition of Edwards and the
eighteenth-century naturalists.
Fothergill himself noted on
the front flyleaf of his
'Canadian Researches' the
books that he wanted to 'con-
sult when putting my
Canadian researches together':

Wilson's Bird of America
Catesby's Carolina
Wood's edition of Buffon
Charlevoix and Carver
Baron Le Hontan (sic)
Cartwright's Residence in labrador
Shaw's Naturalists Miscellany
Curtis's General Botany.

CHARLES FOTHERGILL
(1782 – 1840)

68a *Méduse*

68b *Cardinal à poitrine rose*
Aquarelles sur papier,
pages 242 et 192 – 193,
«*Canadian Researches
Chiefly in Natural History,
commenced in the autumn of
1816. Materials for a Natural
History of the World, vol
1st.*»/ [*Recherches canadiennes, principalement en histoire naturelle, commencées à
l'automne de 1816. Matériel
destiné à une histoire naturelle
du monde, vol. 1*]. Carnets,
vol. 20, 1816 – 1837
19,0 cm
Dossiers Fothergill,
Bibliothèque des livres
rares Thomas Fisher,
Université de Toronto

Charles Fothergill était issu
d'une famille de quakers
anglais, où l'on s'intéressait
depuis longtemps à l'histoire
naturelle. John Fothergill,
grand-oncle de Charles, avait
collaboré avec George
Edwards et avec le naturaliste
américain William Bartram.
Charles Fothergill arriva au
Canada en 1816, apportant
avec lui les traditions familiales
et l'amour du travail de naturaliste. Son grand projet est un
livre qu'il intitule «Memoirs
and Illustrations of the Natural
History of the British Empire»
(Mémoires et Illustrations de
l'histoire naturelle de l'Empire
britannique), qui ne sera
jamais publié. Il tente aussi
d'établir un musée provincial,
sur le modèle du Peale's
Museum de Philadelphie.

Les carnets de Fothergill
renferment des croquis et
aquarelles d'insectes, d'oiseaux
et de poissons, exécutés avec
finesse, dans la tradition
d'Edwards et des naturalistes
du dix-huitième siècle. Sur la
première garde volante de son
«Canadian Researches»,
l'auteur dresse la liste des
ouvrages qu'il estime devoir
consulter avant de conclure ses
recherches:

Wilson's Bird of America
Catesby's Carolina
Wood's edition of Buffon
Charlevoix and Carver
Baron Le Hontan (sic)
*Cartwright's Residence in
  Labrador*
Shaw's Naturalists Miscellany
Curtis's General Botany.

JAMES COCKBURN
(1779 – 1847)

69 *Passenger Pigeon Net, St. Ann's, Quebec* September 20, 1829
Watercolour and pen and black and brown ink on wove paper,
26.5 x 37.2 cm
Inscription: *Colombier at S Ann's, 20 Sept. 1829. J.C.*
Documentary Art and Photography Division, National Archives of Canada, Ottawa
(1989-262-18X; neg. no. C-12539)

The quantity of passenger pigeons (or as they were called, wild doves, colombiers, tourtes, or pigeons) was extraordinary. In 1738 LeBeau noted that their numbers were so great, and their appetite for grain so large, that the bishop of Canada was constrained to offer up public prayers to exorcise the birds. William Pope noted in his journal that 'the people make use of Clop [Drop] Nets in capturing these birds':

The nets are 50 or 60 yds in length being made to fall by the fowler pulling a string. Some live birds or dead skins stuffed and set up so to appear alive and put under the nets together with some Corn, wheat or grain of some sort, for the purpose of decoying the wild birds down. [T]hey flying over spy out the decoy birds, take a flight or two round and soon settle down crowding together under the net and now the fowler pulling the fatal string encloses the poor birds in great numbers.

JAMES COCKBURN
(1779 – 1847)

69 *Filet à tourtes, Sainte-Anne (Québec),*20 septembre 1829
Aquarelle avec encre noire et brune à la plume sur vélin 26,5 x 37,2 cm
Inscription: «*Colombier at S Ann's, 20 Sept. 1829. J.C.*»/ [*Colombier à Sainte – Anne, 20 sept. 1829, J.C.*]
Division de l'art documentaire et de la photographie, Archives nationales du Canada, Ottawa
(1989 – 262 – 18X; C – 12539)

La quantité de tourtes (ou, comme on les appelait, pigeons voyageurs, pigeons bisets ou colombes sauvages) était phénoménale. En 1738, LeBeau note qu'elles sont si nombreuses et d'un appétit si vorace que, pour protéger les récoltes, l'évêque de Québec en vient à ordonner des prières publiques pour se débarrasser du fléau. William Pope écrit dans son journal que «les gens se servent de filets surprises pour capturer ces oiseaux» :

Les filets ont une longueur de 50 à 60 verges et sont conçus de façon à s'abattre sur les volatiles lorsque l'oiseleur ou le chasseur tire la ficelle. Quelques oiseaux vivants ou des spécimens empaillés, disposés de manière à sembler vivants, sont placés sous le filet auprès d'amas de maïs, de blé ou de grains quelconques, dans le but d'attirer les oiseaux sauvages. Ces derniers survolent les leurres, décrivent un ou deux cercles et se rassemblent bientôt en bas, sous le filet; c'est ce qu'attend le chasseur pour ramener le cordon fatal et emprisonner toute une population de ces pauvres oiseaux.

69

70c

PHILIP HENRY GOSSE
(1810-1888)

70a *Insects*
Watercolour on paper

70b *Black Swallowtail
(P. Asterius)*
Watercolour on paper

70c *Dragonflies*
Watercolour on paper
Pages 3, 17, and 37 in
Entomologi Terra Novae
(1833 – 1835).
19.5 cm
Collections of the
Canadian Museum of
Nature

Philip Henry Gosse became
one the most famous popular
naturalists of the nineteenth
century. In 1827 he moved to
Carbonear, Newfoundland,
where his delight in the natural world filled the pages of his
sketchbook with 232 watercolours of insects, from beetles
to caddis flies to swallowtail
butterflies. Gosse described
the insect life of a New-
foundland pond in his book of
1860, *The Romance of Natural
History*, with great charm:

The merry little boatflies are
frisking about, backs down-
wards, using their oar-like
hind feet as paddles; the triple-
tailed larvae of dayflies creep
in and out of their holes in the
bank ... now and then a little
water-beetle peeps out cau-
tiously from the cresses , and
scuttles across to a neighbouring weed ... .

His work on the insects of
Newfoundland remained
unpublished but includes
some of the finest illustrations
of insects made in nineteenth-
century North America.

PHILIP HENRY GOSSE
(1810 – 1888)

70a *Insectes*, page 3

70b *Grand porte – queue (P.
asterius)*, page 17

70c *Libellule*, page 37
Aquarelles sur papier,
Entomologi Terra Novae,
1833 – 1835
19,5 cm
Collections du Musée
canadien de la nature

Philip Henry Gosse est l'un
des plus célèbres naturalistes –
vulgarisateurs du dix-neuvième siècle. En 1827, il
s'établit à Carbonear (Terre-
Neuve); son intérêt inépuis-
able pour les merveilles de la
nature le pousse à remplir les
pages de son carnet de 232
aquarelles d'insectes en tous
genres – des barbeaux
jusqu'aux phryganes, en passant par les queues d'hiron-
delle. Dans son ouvrage de
1860, *The Romance of Natural
History* [*La grande aventure de
l'histoire naturelle*], Gosse décrit
avec un charme souriant l'ani-
mation d'un étang terre-
neuvien:

Les petites notonectes frétil-
lent sur le dos, en pagayant de
toutes leurs forces; les larves
d'éphémères, à triple queue,
vont et viennent à l'entrée de
leur cache, dans la berge..., ici
et là, un minuscule insecte
aquatique, blotti dans l'herbe à
brochet, risque un oeil avant
de s'élancer vers une plante
voisine...

Ses travaux sur les insectes de
Terre-Neuve, restés inédits,
renferment quelques – unes
des plus belles images
d'insectes qui aient vu le jour
en Amérique du Nord au siècle dernier.

JOHN JAMES AUDUBON
(1780 – 1851)

71 *Gannet and Gannet Rocks*
Plate CCCXXVI from *The
Birds of America* (London,
1827 – 1838).
Engraving, hand-coloured
on paper, 97.0 x 65.0 cm
Special Collections
Room, Metropolitan
Toronto Reference
Library

JOHN JAMES AUDUBON
(1780 – 1851)

71 *Fou de bassan et îles aux
oiseaux*, planche
CCCXXVI, *The Birds of
America*, Londres, 1827 –
1838
Gravure coloriée à la main
sur papier, 97,0 x 65,0 cm
Collections spéciales,
Metropolitan Toronto
Reference Library

JOHN JAMES AUDUBON
(1780 – 1851)

72 *Arctic Jaeger*
Plate CCLXVII from *The Birds of America* (London, 1827 – 1838).
Engraving, hand-coloured on paper, 96.7 x 64.7 cm
Special Collections Room, Metropolitan Toronto Reference Library

In order to procure specimens of some northern birds for his *magnum opus*, Audubon sailed in June 1833 for Labrador. En route, he passed near the 'bird islands' in the Gulf of St. Lawrence, where he observed the gannets:

Day dawned ... and we pulled up anchor and left the Magdalene Islands for Labrador, the ultimatum of our present desires. About ten o'clock we saw on the distant horizon a speck, which I was told was the Rock; the wind now freshened, and I could soon see it plainly from the deck, the top apparently covered with snow. Our pilot said that the snow.. was the white gannets which resort there. I rubbed my eyes and took my spy-glass, and instantly the strange picture stood before me. They were indeed birds and such a mass of birds, and of such a size as I never saw before. The whole of my party were astonished, and all agreed that it was worth a voyage across the Bay of Fundy and the Gulf of St. Lawrence to see such a sight.

As it had Banks half a century before him, Labrador astonished Audubon:

The country is so wildly and grandly desolate, that I am charmed by its wonderful dreariness. Its mossy, grey-clad rocks, heaped and thrown together in huge masses ... Bays without end sprinkled with thousands of rocky inlets ... and wild birds everywhere. .. butterflies flitting over snow-banks, and probing unfolding dwarf flowerets of many hues pushing out their tender stems through the thick beds of moss... .

JOHN JAMES AUDUBON
(1780 – 1851)

72 *Labbe à longue queue*,
planche CCLXVII, *The Birds of America*,
Londres, 1827 – 1838
Gravure coloriée à la main sur papier, 96,7 x 64,7 cm
Collections spéciales, Metropolitan Toronto Reference Library

Désireux de se procurer des spécimens de certaines espèces nordiques pour son grand oeuvre, Audubon mit le cap sur le Labrador en juin 1833. En route, il longe les «îles aux oiseaux» du golfe Saint-Laurent, où il observe les fous de Bassan:

Au lever du jour ... nous levons l'ancre et quittons les Îles-de-la-Madeleine à destination du Labrador, objet de nos plus chers désirs. Vers les dix heures, nous apercevons au loin une tache, qu'on nous dit être le Rocher; le vent s'est rafraîchi et, du pont, je peux bientôt le voir clairement: sa surface semble couverte de neige. Le pilote nous dit que cette neige ... est en réalité la masse des fous de bassan, dont c'est l'habitat. Je me frotte les yeux, saisis mes longues – vues et, alors, j'ai devant moi une vision des plus étranges. Ce sont bien des oiseaux, en une multitude et d'une taille telles qu'on a peine à le croire. Les membres de notre équipage sont stupéfaits et nous reconnaissons tous qu'il valait bien la peine de faire ce long voyage, par la baie de Fundy et le golfe du Saint – Laurent, pour assister à pareil spectacle.

À l'instar de Banks, il est conquis par le Labrador:

La contrée est d'une désolation sauvage et grandiose, à tel point que je suis ensorcelé par cette aridité absolue. Des rochers gris et moussus, amon- celés au hasard en des masses énormes ... Des baies sans fin, qu'émaillent des milliers d'îlots rocheux ... et, partout, des oiseaux sauvages..., des papil- lons voletant au – dessus des congères, humant les fleurettes en éclosion, de toutes les teintes de l'arc-en-ciel, dont les tiges fragiles percent les mousses épaisses...

JOHN JAMES AUDUBON
(1780 – 1851)

73 *Polar Bear*
Plate XCI in *The Viviparous Quadrupeds of North America* (Philadelphia, 1845 – 1854).
Lithograph, hand-coloured, 60.9 x 76.2 cm
National Library of Canada, Rare Book Collection

Shortly after completing *The Birds of North America*, Audubon began to plan his next great project, a master work on American mammals. He collaborated with his son John Woodhouse Audubon on the drawings, and with the naturalist the Reverend John Bachman, on the text. Unlike his earlier work, the book on mammals was printed in America by J.T. Bowen, a Philadelphia lithographer.

JOHN JAMES AUDUBON
(1780 – 1851)

73 *Ours Blanc*
planche XCI
The Viviparous Quadrupeds of North America, (Philadelphie, 1845 – 1854).
Lithographie coloriée, 60,9 x 76,2
Bibliothèque nationale du Canada, Collection des livres rares

Peu aprés avoir terminé les *Oiseaux*, Audubon commence à dresser les plans d'un autre project capital, celui d'une oeuvre définitive sur les mam- miferes américains. Il colla- bore, pour les dessins, avec son fils, John Woodhouse Audubon, et, pour le texte, avec le naturaliste et ecclésias- tique John Backman. À la dif- férence de son oeuvre antérieure, l'ouvrage sur les mammiferes sera imprimé aux États – Unis, par J.T. Bowen, lithographe de Philadelphie.

74d

WILLIAM POPE
(1811 – 1902)

Four watercolours from an
Album, 1834-1847

74a *Passenger Pigeon (Columbia
migratoria Linn.)*
14 April 1835
Watercolour over pen and
ink on paper,
43.0 x 31.0 cm

74b *Downy Woodpecker, male
and female (Tringa macularia Wilson)* 19 March 1835
Watercolour over pen and
ink on paper,
36.5 x 26.0 cm

74c *Whiporwhil (Caprimulgus
vociferus Wils.), male* 28
May 1835
Watercolour over pen and
ink on paper,
26.0 x 36.0 cm

74d *Purple Finch (F. Purpurea
M.)* 7 November 1846

Watercolour over pen and
ink on paper,
27.0 x 24.5 cm
Metropolitan Toronto
Reference Library

William Pope was an avid
hunter and naturalist, who
emigrated from England in
1834 and settled near Long
Point, Ontario. He painted
birds and insects for his own
pleasure, and wrote a charming diary in which he recorded his 'bag' and the habits of
the birds and animals in the
woods of southern Ontario.
His style is very reminiscent of
that of Edward Lear, a British
naturalist and artist; and it is
not difficult to believe that
Pope may have viewed some
of Lear's published works
prior to coming to Canada or
during his return visits to
England.

WILLIAM POPE
(1811 – 1902)

Quatre oeuvres tirées d'un
Album, 1834 – 1847

74a *Tourte (Columbia migratoria Linn.),* 14 avril 1835
43,0 x 31,0 cm

74b *Pics mineurs, mâle et femelle
(Tringa macularia Wilson),*
19 mars 1835
36,5 x 26,0 cm

74c *Engoulevent bois-pourri
(Caprimulgus vociferus
Wils.), mâle,* 28 mai 1835
26,0 x 36,0 cm

74d *Roselin pourpré (F. purpurea M.),* 7 novembre
1846
27,0 x 24,5 cm
Aquarelles avec encre à la
plume sur papier
Metropolitan Toronto
Reference Library

Naturaliste enthousiaste et
habile chasseur, William Pope
avait émigré d'Angleterre en
1834 pour s'établir près de
Long Point, en Ontario. Il
peignait insectes et oiseaux par
agrément et il est l'auteur d'un
charmant journal, où la liste de
ses prises de chasse côtoient
des notes sur le mode de vie
des oiseaux et des animaux du
sud de l'Ontario. Il peint dans
la veine de l'artiste et naturaliste britannique Edward Lear,
dont il est fort possible qu'il ait
vu les oeuvres avant de
s'embarquer pour le Canada
ou lors de séjours ultérieurs en
Angleterre.

WILLIAM JOHNSON
(1816 – 1880)

75a *Springtail* 1865
Ink and watercolour on paper
Inscription: *18/3/65. A proturan or springtail. In the Humber using a fishnet. It has a curious sort of proleg. Magnified with an inch objective.*

75b *Orchids and Cranberry* 1869
Watercolour on paper
Inscription: *Vaccinium … Cranberry no … From the Humber ponds, July 15, 1869.*

75c *Grassbird and Parasites* 1865
Ink and watercolour on paper
Inscription: *Weston 20/3/65. Grassbird. Parasite of a bone mag. with 1 inch objective. Parasite & acarus of*

the Tom-tit or Chick-a-dee. *A species of Liotheum. See Micro. Dic. pg 397. Editio/56.*
from Johnson sketchbooks, 1841 – 1869.
Osler Library of the History of Medicine, McGill University

William Johnson's notebooks testify to the his intense interest in natural history and in recording his surroundings. He was one of Canada's first microscopists and applied his lens to pond life around the Humber River in Weston near Toronto. His drawings reflect Gosse's assertion that 'the brazen tube is the key that unlocks a world of wonder and beauty before invisible, which one who has once gazed upon it can never forget, and never cease to admire.'

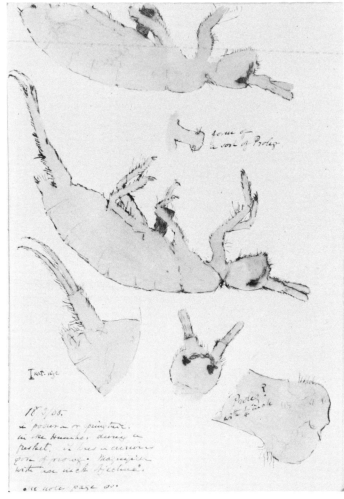

75a

WILLIAM JOHNSON
(1816 – 1880)

75a *Collembole*, 1865
Encre et aquarelle sur papier
Inscription: «*18/3/65. A proturan or springtail. In the Humber using a fishnet (?). It has a curious sort of proleg. Magnified with an inch objective.*»/ [*Protoure ou collembole. Dans la Humber, avec un filet (?). Possède un curieux genre d'avant – membre. Grossi au moyen d'un objectif d'un pouce.*]

75b *Orchidée et airelle*, 1869
Aquarelle sur papier
Inscription: *Vaccinium … Cranberry no … From the Humber ponds, July 15, 1869.*/ [*Vaccinium … Non pas airelle … Dans les étangs de la Humber*]

75c *Pinson et parasites*, 1865
Encre et aquarelle sur papier

Inscription: *Weston 20/3/65. Grassbird. Parasite of a bone mag. with 1 inch objective. Parasite & acarus of the Tom-tit or Chick-a-dee.*

A species of Liotheum. See Micro. Dic. pg 397. Editio/56./ [*Weston 20/3/65. Pinson. Parasite de l'os, grossi par objectif de 1 pouce. Parasite et acarien de la mésange à tête noire. Espèce de liotheum. Voir Micro. Dic. pg 397. Edition/56.*]
Oeuvres tirées de deux carnets de croquis, 1841 – 1869
Bibliothèque Osler de l'histoire de la médecine, Université McGill

Les carnets de William Johnson attestent le vif intérêt du savant pour l'histoire naturelle et l'observation de son milieu. Il compte parmi les premiers microscopistes canadiens; sa lentille à la main, il inventorie les étangs grouillants de vie des abords de la Humber, à Weston, près de Toronto. Ses dessins font écho à l'affirmation de Gosse: «Le tube du microscope est la clé d'un monde de merveille et de beauté, jusqu'ici invisible. Une fois aperçu cet univers, on ne peut jamais l'oublier, ni se lasser de l'admirer.»

WILLIAM GEORGE
RICHARDSON HIND
(1833 – 1889)

76 *McLellan's Brook, N[ova
S[cotia]* 1870 – 1889
Watercolour on paper,
12.5 x 17.5 cm
Private collection.

Hind moved to the East Coast
in 1870 and remained there
until his death. He continued
to sketch and paint the natural
landscape with his customary
attention to detail.

WILLIAM GEORGE
RICHARDSON HIND
(1833 – 1889)

76 *Le ruisseau de McLellan, en
Nouvelle-Écosse,*
1870 – 1889
Aquarelle sur papier,
12,5 x 17,5 cm
Collection particulière

En 1870, Hind va s'installer
sur la côte est, où il demeurera
jusqu'à sa mort. Il continue de
s'appliquer au croquis et à la
peinture de paysage avec son
attention coutumière pour le
détail.

JANE DURNFORD
(act. 1821 – 1863)

77 *Red Sumac* 1821
Watercolour over pencil
with gum arabic on wove
paper, 32.5 x 24.5 cm
Inscription: *J. Durnford,
July 1821*
Documentary Art and
Photography Division,
National Archives of
Canada, Ottawa (1986-5-
4; neg. no. C-96649). Gift
of Lucy Durnford Lewis.

JANE DURNFORD
(trav. 1821 – 1863)

77 *Sumac amarante,*1821
Mine de plomb et
aquarelle avec gomme ara-
bique sur vélin,
32,5 x 24,5 cm
Inscription: «*J. Durnford,
July 1821*»
Division de l'art docu-
mentaire et de la pho-
tographie, Archives
nationales du Canada,
Ottawa (1986 – 5 – 4;
C – 96649). Don de Lucy
Durnford Lewis.

77

JANE DURNFORD
(active 1821 – 1863)

78 *Pink Flower,* Possibly
   Goat's Rue (Tephrosia
   virginiana) after 1830
   Watercolour over pencil
   on wove paper,
   20.6 x 13.5 cm
   Documentary Art and
   Photography Division,
   National Archives of
   Canada, Ottawa (1986-5-
   11; neg. no. C-96655).
   Gift of Lucy Durnford
   Lewis.

JANE DURNFORD
(trav. 1821 – 1863)

78 *Fleur rose, peut-être la per-
   tuisane (Tephrosia virginiana),* après 1830
   Mine de plomb et
   aquarelle sur vélin,
   20,6 x 13,5 cm
   Division de l'art documentaire et de la pho-
   tographie, Archives
   nationales du Canada,
   Ottawa (1986 – 5 – 11;
   C – 96655). Don de Lucy
   Durnford Lewis.

MARIA MORRIS MILLER
(1813 – 1875)

79a *Linnaea borealis (Twin
   Flower)* 1866
   Lithograph, hand-
   coloured, 35.0 x 28.0 cm

79b *Nuphar advena (Yellow
   Pond Lily); Iris versicolor
   (Blue Flag)* 1866
   Lithograph, hand-
   coloured, 35.0 x 28.0 cm

79c *Kalmia glauca
   (Pale Laurel); Kalmia
   angustifolia (Lamb Kill)*
   1866
   Lithograph, handcoloured,
   35.0 x 28.0 cm
   Three plates from *The
   Wild Flowers of Nova Scotia,*
   published by M.L.
   Katzman, Halifax, N.S.,
   and printed in London by
   John Snow, 1866.
   Nova Scotia Museum,
   Halifax, Nova Scotia

MARIA MORRIS MILLER
(1813 – 1875)

79a *Linnaea borealis (linnée
   boréale),* 1866
   35,0 x 28,0 cm

79b *Nuphar advena (grand
   nénuphar jaune); Iris versicolor (clajeux),* 1866
   35,0 x 28,0 cm

79c *Kalmia glauca (kalmia à
   feuilles d'Andromède);
   Kalmia angustifolia (kalmia
   à feuilles étroites),* 1866
   35,0 x 28,0 cm
   Lithographies coloriées à
   la main
   Trois planches tirées de
   *The Wild Flowers of Nova
   Scotia,* publié par M.L.-
   Katzman, à Halifax (N.-
   É.), et imprimé à Londres
   par John Snow, 1866.
   Musée de la Nouvelle-
   Écosse, Halifax (Nouvelle-
   Écosse)

Plate 5.

Nuphar advena.
YELLOW POND LILY.

Iris Versicolor.
BLUE FLAG.

Drawn from Nature by Maria Miller

Pub.d by M.L.Katzman Halifax N.S John Snow London

79b

MARIA MORRIS MILLER
(1813 – 1875)

80a *Aronia Amelanchier
(Choke Berry)*
Watercolour on paper,
40.0 x 31.0 cm

80b *Acer Pennsylvanicum
(Moose-Wood Maple)*
Watercolour on paper,
40.0 x 31.0 cm

80c *Orchis*
Watercolour on paper,
40.0 x 31.0 cm

80d *Bidens (Bur Marygold);
Achillea millefolia (Yarrow)*
Watercolour on paper,
40.0 x 31.0 cm
Four watercolours for *The
Wild Flowers of Nova Scotia*
(1840).
Nova Scotia Museum,
Halifax, Nova Scotia

MARIA MORRIS MILLER
(1813 – 1875)

80a *Aronia amelanchier (cerise à
grappe)*

80b *Acer pennsylvanicum (érable
de Pennsylvanie)*

80c *Orchis (orchidée)*

80d *Bidens (bident penché);
Achillea millefolia (achillée
mille feuilles)*
Aquarelles sur papier,
40,0 x 31,0 cm
Quatre oeuvres destinées à
l'ouvrage *The Wild
Flowers of Nova Scotia*,
1840
Musée de la Nouvelle-
Écosse, Halifax (Nouvelle-
Écosse)

FANNY AMELIA BAYFIELD
(1814 – 1891)

82 *Trillium, Blood-Root and
Dog-Tooth Violet* 1860
Watercolour with opaque
white over pencil on
wove paper,
29.2 x 21.5 cm
Inscription: *1 Sanguinaria
Canadensis [/] 2
Erythronium – or Dog's
tooth Violet [/]3 Trillium
erectum*
Documentary Art and
Photography Division,
National Archives of
Canada, Ottawa
(1963-103-75;
neg. no. C-035943).
Gift of Captain Boulton.

FANNY AMELIA BAYFIELD
(1814 – 1891)

82 *Trille, sanguinaire et éry-
throne blanchâtre,*1860
Aquarelle avec touches de
blanc et mine de plomb
sur vélin, 29,2 x 21,5 cm
Inscription: «*1 Sanguinaria
Canadensis/ 2 Erythronium
– or Dog's tooth Violet/
3 Trillium erectum*»
Division de l'art docu-
mentaire et de la pho-
tographie, Archives
nationales du Canada,
Ottawa
(1963 – 103 –
75;C–035943).
Don du capitaine Boulton.

FANNY AMELIA BAYFIELD
(1814 – 1891)

81 *Butterflies, Moths, and
Insects* ca 1827 – 1841
Watercolour with touches
of opaque white over pen-
cil on wove paper, 26.0 x
35.5 cm
Documentary Art and
Photography Division,
National Archives of
Canada, Ottawa (1963-
103-70; neg. no.
C-133255). Gift of
Captain Boulton.

FANNY AMELIA BAYFIELD
(1814 – 1891)

81 *Papillons, noctuelles et
insectes,*vers 1827 – 1841
Aquarelle avec touches de
blanc et mine de plomb
sur vélin, 26,0 x 35,5 cm
Division de l'art docu-
mentaire et de la pho-
tographie, Archives
nationales du Canada,
Ottawa (1963 – 103 – 70;
C – 133255). Don du cap-
itaine Boulton.

CATHERINE PARR TRAILL
(1802 – 1899)

83a *Sweet Wintergreen (Pyrola Elliptica), One Flowered Pyrola (Moneses Uniflora), Flowering Raspberry (Rubus Odoratus), Speedwell, American Booklime (Veronica Americana)*

83b *Yellow Lady's Slippers (Cypripedium Parviflorum and Cypripedium Pubescens), Large Blue Flag (Iris Versicolor - Fleur-de-luce), Small Cranberry (Vaccinium Oxycoccus)*

83c *Early Wild Rose (Rosa Blanda), Pentstemon Beard-Tongue (Pentstemon Pubescens)*

Plates II, V, and VII in *Canadian Wild Flowers*, 4th ed.
(Montreal, 1895).
Lithographs, hand-coloured
38.0 cm
National Library of Canada, Rare Book Collection
Special Collection;
Douglas Library,
Queen's University

CATHERINE PARR TRAILL
(1802 – 1899)

83a *Pyrolle elliptique (Pyrola elliptica), Monésès à une fleur (Moneses uniflora), Ronce odorante (Rubus odoratus), Véronique, Véronique américaine (Veronica americana)*

83b *Sabot de la Vierge (Cypripedium parviflorum and Cypripedium pubescens), Grand clajeux (Iris versicolor-Fleur-de-luce), petite airelle (Vaccinium oxycoccus)*

83c *Rosier inerme (Rosa blanda), Pentstémon à feuilles serrulées (Pentstemon pubescens)*

Lithographies coloriées à la main (planches II, V et VII), *Canadian Wild Flowers*, 4ᵉ éd.,
Montréal, 1895
38,0 cm
Bibliothèque nationale du Canada, Collection des livres rares
Bibliothèque Douglas,
Université Queen's

AGNES DUNBAR
CHAMBERLIN
(1833 – 1915)

84a *Aromatic Wintergreen*
Watercolour on paper,
20.0 x 12.0 cm

84b *Touch-Me-Not*
Watercolour on paper,
20.0 x 12.0 cm

84c *Geranium maculatum (L) (Wild Geranium)*
Watercolour on paper,
40.5 x 30.0 cm

84d *Lonicera Grata (Ait) (American Woodbine)*
Watercolour on paper,
40.5 x 30.0 cm

84e *Malva Moschata (L) (Musk Mallow)*
Watercolour on paper,
40.5 x 30.0 cm
Chamberlin Papers,
Thomas R. Fisher Rare Book Room, University of Toronto

AGNES DUNBAR
CHAMBERLIN
(1833 – 1915)

84a *Gaulthérie odoriférante*
20,0 x 12,0 cm

84b *Herbe Sainte-Catherine*
20,0 x 12,0 cm

84c *Geranium maculatum (L) (géranium maculé)*
40,5 x 30,0 cm

84d *Lonicera grata (Ait) (vigne vierge grimpante)*
40,5 x 30,0 cm

84e *Malva moschata (L) (mauve musquée)*
40,5 x 30,0 cm
Aquarelles sur papier,
sans date
Dossiers Chamberlin,
Bibliothèque des livres rares Thomas Fisher,
Université de Toronto

84c

AGNES DUNBAR
CHAMBERLIN
(1833 – 1915)

85a *Russula*
Watercolour on paper,
25.0 x 17.5 cm

85b *Amanita muscaria*
Watercolour on paper,
25.0 x 17.5 cm
Two watercolours of
fungi, undated, possibly
for illustration in a report
of the Geological Survey
on edible fungi, ca 1900
Chamberlin Papers,
Thomas R. Fisher Rare
Book Room, University
of Toronto

In the Victorian era a special connection between women and flowers became a social truism. Flower painting, flower arranging, dried flowers, 'skeletal' leaf arrangements, flowers made of shells and hair and paper, were all thought to be the particular province of women. Maria Sibylle Merian (1647 – 1717) was one of the greatest flower (and insect) painters of the seventeenth century; but it is unlikely that many of the Victorian women who drew and painted the flowers of garden and field had much acquaintance with her strong and spirited compositions. While many women painted flowers, few painted within the traditions of natural history, and fewer still were able to publish their works. Maria Morris Miller brought out her own work in London. Agnes Chamberlin worked with her aunt Catherine Parr Traill to create the first popular Canadian flora. Chamberlin and Traill chose to publish in Montreal, and Traill felt constrained to apologize for any shortcomings in the plates, since nothing like this had been attempted before in the new Dominion. Mrs Traill ended her Preface with a poem, which acknowledges that just a year after Confederation, Canada was no longer a wilderness:

O wail for the forest, the proud
stately forest,
No more its dark depths shall the
hunter explore,
For the bright golden grain,
Shall wave free o'er the plain,
O wail for the forest,
its glories are o'er.

AGNES DUNBAR
CHAMBERLIN
(1833 – 1915)

85a *Russula (russule)*
25,0 x 17,5 cm

85b *Amanita muscaria (amanite*
tue – mouche)
25,0 x 17,5 cm
Aquarelles sur papier,
sans date
Deux oeuvres à sujet de
champignons, peut-être
pour l'illustration du rapport d'un inventaire des
champignons
comestibles,vers 1900
Dossiers Chamberlin,
Bibliothèque des livres
rares Thomas Fisher,
Université de Toronto

À l'époque victorienne, on se plaisait à croire qu'une affinité toute spéciale unissait les femmes et les fleurs. La peinture de fleurs, les décorations florales, les fleurs et feuilles séchées, cirées et vernies, les fleurs faites de coquillages, de cheveux et de papier – tout cela composait un royaume exclusivement féminin. Sibylle Merian (1647 – 1717) fut l'une des grandes peintres de fleurs et d'insectes du dix-septième siècle. Il est peu probable, cependant, que ses dynamiques compositions aient été connues de ses con- temporaines qui s'adonnaient au dessin et à la peinture de fleurs de toutes sortes. Nombre de femmes peignaient des fleurs; mais peu d'entre elles suivaient les tradi- tions naturalistes et celles qui publièrent furent encore. moins nombreuses. Maria Morris Miller fit imprimer ses oeuvres, à Londres. Agnes Chamberlin travailla avec sa tante, Catherine Parr Traill, pour mettre une première flore canadienne à la portée de tous. Chamberlin et Traill décidèrent de publier à Montréal et Traill crut bon de s'excuser des imperfections des planches, en précisant que c'était la première initiative du genre dans le nouveau domin- ion. Madame Traill terminait sa préface sur des vers, à témoin du fait que, au moment de la Confédération, le Canada n'était plus une contrée sauvage:

Pleurons la forêt, la fière
et noble forêt,
Ses obscures profondeurs
et les chasses d'hier encore.
Désormais ondoieront
sur la plaine
Les moissons dorées
et lumineuses.
Pleurons la forêt,
car elle n'est plus.

Bibliography

BOOKS

Allen, David E. *The Naturalist in Britain. A Social History.* London: Allen Lane, 1976.

Allodi, Mary. *Canadian Watercolours and Drawings in the Royal Ontario Museum.* 2 vols. Toronto, 1974.

Alpers, Svetlana. *The Art of Describing: Dutch Art in the 17th Century.* Chicago: University of Chicago Press, 1983.

Anker, Jean. *Bird Books and Bird Art.* Copenhagen, 1938; repr. New York: Arno Press, 1974.

Archer, Mildred. *Natural History Drawings in the India Office Library.* London: Her Majesty's Stationery Office, 1962.

Barber, Lynn. *The Heyday of Natural History, 1820 – 1870.* London: Jonathan Cape, 1980.

Barrett, Harry B. *The 19th-Century Journals and Paintings of William Pope.* Toronto: M.F. Feheley, 1976.

Bell, Michael. *Painters in a New Land. From Annapolis Royal to the Klondike.* Toronto: McClelland and Stewart, 1973.

Bennett, Jennifer. *Lilies of the Hearth. The Historical Relationship between Women and Plants.* Camden East, Ont.: Camden House, 1991.

Berger, Carl. *Science, God and Nature in Victorian Canada.* Toronto: University of Toronto Press, 1983.

Bettex, Albert. *The Discovery of Nature.* New York: Simon & Schuster, 1965.

Bloomfield, Valerie. *Resources for Canadian Studies in Britain with Some Reference to Europe.* 2nd ed. London: British Association for Canadian Studies, 1983.

Blunt, Wilfrid. *The Art of Botanical Illustration.* 4th ed. London: Collins, 1971.

Buchanan, Handasyde. *Nature into Art. A Treasury of Great Natural History Books.* London: Weidenfeld, 1979.

Cahalane, Victor H., ed. *The Imperial Collection of the Audubon Animals. The Quadrupeds of North America.* New York: Bonanza Books, 1967.

Chiapelli, Fredi. *First Images of America. The Impact of the New World in the Old.* Berkeley: University of California Press, 1976.

Clarke, Michael. *The Tempting Prospect. A Social History of English Watercolours.* London: British Museum Publications Limited, 1981.

Cody, William J., D.B.O. Saville, and M.J. Sarazin, *Systematics in Agriculture Canada at Ottawa, 1886 – 1986.* Historical Series No. 28. Ottawa: Agriculture Canada, 1986.

Cohen, I. Bernard. *Album of Science. From Leonardo to Lavoisier, 1450 – 1800.* New York: Charles Scribners Sons, 1980.

Crosby, Alfred W. *Ecological Imperialism: The Biological Expansion of Europe, 900 – 1900.* Cambridge: Cambridge University Press, 1986.

Cummings, W.P. et al. *The Exploration of North America, 1630 – 1776.* Toronto: McClelland and Stewart, 1975.

Dance, S. Peter. *The Art Of Natural History. Animal Illustrators and Their Work.* Woodstock, N.Y.: The Overlook Press, 1976.

Debus, Allen G. *Man and Nature in the Renaissance.* Cambridge: Cambridge University Press, 1978.

Dock, George Jr. *Audubon's Birds of America.* New York: Galahad Books, 1978.

Engstrand, Iris. *Spanish Scientists in the New World: The Eighteenth Century Expeditions.* Seattle: University of Washington Press, 1981.

Glaser, Lynn. *America on Paper. The First Hundred Years.* Philadelphia: Associated Antiquarians, 1989.

Glassie, Henry. *Folk Housing in Middle Virginia.* Knoxville: University of Tennessee Press, 1975.

Gombrich, E.H. *Art and Illusion. A Study in the Psychology of Pictorial Representation.* New York: Pantheon, 1960.

Goss, John. *The Mapping of North America.* Secaucus, N.J.: Wellfleet Press, 1990.

Henry, John Frazier. *Early Maritime Artists of the Pacific Northwest Coast, 1741 – 1841.* Vancouver: Douglas, 1984.

Harper, J. Russell. *Thomas Davies in Early Canada.* Ottawa: Oberon, 1972.

Hulton, P. and D.B. Quinn. *The American Drawings of John White, 1577 – 1590.* London: British Museum, 1964.

Inkster, Ian, and Jack Morrell. *Science in British Culture, 1780 – 1845.* London: Hutchinson, 1983.

Ivashintsov, N.A. *Russian Round-the-World Voyages, 1803 – 1849.* Materials for the Study of Alaska History, No. 14. Kingston: The Limestone Press, [1980].

Ivins, William M. *Prints and Visual Communication,* New York: Da Capo Press, 1969.

Jackson, C.E. *Bird Illustrators. Some Artists in Early Lithography.* London: H.F. & G. Witherby, 1975.

Kastner, Joseph. *A Species of Eternity.* New York: Alfred A. Knopf, 1977.

Knight, D.M. *Natural Science Books in English, 1600 – 1900.* London: B.T. Batsford, 1972
Zoological Illustration. Folkestone, Eng.: Dawson Archon Books, 1977.

Lemon, Donald P. *Theatre of History. Three Hundred Years of Maps of the Maritimes.* Saint John: New Brunswick Museum Publications, 1987.

Lloyd, Clare. *The Travelling Naturalists.* London: Croom Helm, 1985.

Lysaght, A.M. *The Book of Birds.* London: Phaidon Press, 1975.
Joseph Banks in Newfoundland & Labrador, 1766, His Diary, Manuscripts and Collections. Berkeley: University of California Press, 1971.

Manthorne, Katherine E. *Tropical Renaissance. North American Artists Exploring Latin America, 1839 – 1879.* Washington: Smithsonian Institution Press, 1989.

Mayor, Hyatt. *Prints and People, A Social History of Printed Pictures*. New York: The Metropolitan Museum of Art, 1971.

Merrill, Lynn L. *The Romance of Victorian Natural History*. New York: Oxford University Press, 1989.

Mules, Helen B. *Flowers in Books and Drawings, ca 940 – 1840*. New York: J. Pierpoint Morgan Library, 1980.

Norelli, Martina R. *American Wildlife Painting*. New York: Watson-Guptill Publications, 1975.

Novak, Barbara. *Nature and Culture: American Landscape and Painting, 1825 – 1875*. New York: Oxford University Press, 1980.

Pastoureau, Mireille. *Voies océanes de l'ancien au nouveau monde*. Paris: Éditions Hérvas, 1990.

Raven, C.E. *English Naturalists from Neckham to Ray. A Study of the Making of the Modern World*. Cambridge: Cambridge University Press, 1947.

Rix, Martyn. *The Art of the Botanist*. Guildford: Lutterworth Press, 1981.

Rudwick, Martin J.S. *The Meaning of Fossils. Episodes in the History of Palaeontology*. London: Macdonald, 1972.

Savage, Henry Jr. and E. Savage. *André and François André Michaux*. Charlottesville: University Press of Virginia, 1987.

Schlereth, T.J. *Cultural History and Material Culture. Everyday Life, Landscapes and Museums*. Ann Arbor, Mich.: UMI, 1989.

Sitwell, S., H. Buchanan, and J. Fisher. *Fine Bird Books, 1700 – 1900*. London, 1953.

Skipwith, Peyton. *The Great Bird Illustrators and their Art, 1730 – 1930*. New York: A&W Publishers, 1979.

Smith, Bernard. *European Vision and the South Pacific*. 2nd ed. New Haven: Yale University Press, 1988.
The Art of Captain Cook's Voyages. 3 vols in 4°. Melbourne: Oxford University Press, 1985.

Staffleu, Frans A. *Linnaeus and the Linnaeans. The Spreading of Their Ideas in Systematic Botany, 1735 – 1789*. Utrecht: Oostnoek's Uitgenersmaatschappi N.V., 1971.

Stafford, Barbara Maria. *Voyage into Substance: Art and Science and the Illustrated Travel Account, 1760 – 1840*. Cambridge, Mass.: MIT Press, 1984.

Stearn, William T. *Flower Artists of Kew. Botanical Paintings by Contemporary Artists*. London: The Herbert Press in association with the Royal Botanic Garden, Kew, 1990.

Taylor, Basil. *Animal Painting in England from Barlow to Landseer*. Harmondsworth: Penguin, 1955.

Thomas, Keith. *Man and the Natural World. Changing Attitudes in England 1500 – 1800*. Harmondsworth: Penguin, 1984.

Villanueva, Pabellön. *La Botánica en la Expediciön Malaspina*. Colecciön Encuentros. Madrid: Turner, 1989.

Zeller, Suzanne. *Inventing Canada: Early Victorian Science and the Idea of a Transcontinental Nation*. Toronto: University of Toronto Press, 1989.

FIRST-HAND ACCOUNTS

Back, George. *Narrative of the Arctic Land Expedition... in the years 1833, 1834, and 1835....* London: John Murray, 1836.

Bartram, William. *Observations on the Inhabitants, Climate, Soil, Rivers, Productions, Animals, and other matters worthy of notice....* London, 1751.

Benson, Adolph B., ed. *Pehr Kalm's Travels in North America. The English Version of 1770*. New York: Dover Publications, 1966

Charlevoix, P.-F.-X. de. *Historie et description générale de la Nouvelle France*. Paris, 1744.

Cornut, Jacques Philippe. *Canadensium Plantarum... historia....* Paris, 1635; repr. 1966.

Edwards, George. *A Natural History of Uncommon Birds and Some Other Rare and Undescribed Animals, Quadruped, Reptiles, fishes, Insects, etc....* London, 1743.

Ellis, Henry. *A Voyage to Hudson's Bay by the Dobbs Galley and California....* London, 1748.

Hearne, Samuel. *A journey from Prince of Wales's Fort in Hudson's Bay to the Northern Ocean... in the years 1769, 1770, 1771 & 1772*. Dublin, 1796.

Houston, C.S., ed. *To the Arctic by Canoe, 1819 – 1821. The Journal and Paintings of Robert Hood, Midshipman with Franklin*. Montreal: McGill-Queens, 1974.

Mozino, José Mariano. *Noticias de Nutka, An Account of Nootka Sound in 1792*. Trans. Iris Wilson. Seattle: University of Washington Press, 1970.

Munk, Jens. *The Journal of Jens Munk, 1618 – 1620*. Ed. W.A. Kenyon. Toronto: Royal Ontario Museum, 1980.

Pennant, Thomas. *Introduction to the Arctic Zoology*. 2nd ed. London, 1792.

Pope, William. *Diary*. Transcript in Metropolitan Toronto Reference Library.

Settle, Dionysus. *Last Voyage to the West and Northwest Regions*. London, 1577; repr. 1969.

Thornton's Temple of Flora, London, 1811 – 1813; repr. 1972.

Topsell, Edward. *History of Four-Footed Beasts and Serpents and Insects*. 1658; repr. Da Capo Press, New York, 1967.

ARTICLES

'Long Lost Sessé and Mociño Illustrations Acquired' *Bulletin of the Hunt Institute for Botanical Documentation* 3:1 (spring – summer) 1981.

Dahl, Edward. 'The Original Beaver Map – De Fer's 1698 Wall Map of America' *The Map Collector* 29 (December 1984).

Ganong, W.F. 'The Identity of Animals and Plants Mentioned by the Early Voyagers to Eastern Canada and Newfoundland' *Transactions of the Royal Society of Canada*, section II, 3rd series, vol. III (1910).

George, Wilma. 'Sources and Background to Discoveries of New Animals in the Sixteenth and Seventeenth Centuries' *History of Science*, xviii (1980).

Pringle, James S. 'How 'Canadian' is Cornut's Canadensium Plantarum Historia? A phytogeographic and historical analysis' *Canadian Horticultural History* 1:4 (1988).

Rudwick, Martin J.S. 'The Emergence of a Visual Language for Geological Science, 1760 – 1840' *History of Science* xiv (1976).

Sawyer, F.C. 'A Short History of the Libraries and List of MSS. and Original Drawings in the British Museum (Natural History)' *Bulletin of the British Museum (Natural History), Historical Series* 4:2.

Vachon, Auguste. 'Flora and Fauna. Louis Nicolas and the 'Codex canadiensis'' *The Archivist* 12:2 (March – April 1985).

CATALOGUES

Art Gallery of Windsor. *William G.R. Hind: The Pictou Sketchbook/Le Carnet Pictou*, 1990.

Comisiön Quinto Centenario. *La Real Expediciön Botánica á Nueva España*, 1987.

Montreal Museum of Fine Arts. *The Painter and the New World*, 1967.

Musée du Québec. *Painting in Quebec, 1820 – 1850. Essays*, 1992.

National Gallery of Canada. *Thomas Davies, c. 1737 – 1812*, 1972.

National Library of Canada. *Images of Flora and Fauna/ Images de la Flore et de la Faune*, 1989
Passages. A Treasure Trove of North American Exploration/ Passages. Un écrin des explorations de l'Amérique du Nord, 1992.

Newfoundland Museum. *Treasures. 900 Years of the European Presence in Newfoundland and Labrador*, 1983.

Nova Scotia Museum. *Five Centuries of Botanical Illustration*, n.d.

Oregon Historical Society. *Soft Gold. The Fur Trade and Cultural Exchange on the Northwest Coast of America*, 1982.

Portland Art Museum. *Early Days in the Northwest*, 1959.

Vancouver World Expo. *To the Totem Shore, The Spanish Presence on the Northwest Coast*, 1986.

Vancouver Maritime Museum. *Enlightened Voyages, Malaspina and Galliano on the Northwest Coast, 1791 – 1792*, 1990

Willistead Art Gallery of Windsor. *William G.R. Hind, A Confederation Painter in Canada*, 1967

Winnipeg Art Gallery. *150 Years of Art in Manitoba. Struggle for a Visual Civilization*, 1970.

34b

Bibliographie

LIVRES

Allen, David E., *The Naturalist in Britain. A Social History*, Londres, Allen Lane, 1976.

Allodi, Mary, *Canadian Watercolours and Drawings in the Royal Ontario Museum*, 2 vol., Toronto, 1974.

Alpers, Svetlana, *The Art of Describing: Dutch Art in the 17th Century*, Chicago, University of Chicago Press, 1983.

Anker, Jean, *Bird Books and Bird Art*, New York, Arno Press, 1974 (réimpression de l'édition de Copenhague, 1938).

Archer, Mildred, *Natural History Drawings in the India Office Library*, Londres, Her Majesty's Stationery Office, 1962.

Barber, Lynn, *The Heyday of Natural History, 1820-1870*, Londres, Jonathan Cape, 1980.

Barrett, Harry B., *The 19th-Century Journals and Paintings of William Pope*, Toronto, M.F. Feheley, 1976.

Bell, Michael, *Painters in a New Land. From Annapolis Royal to the Klondike*, Toronto, McClelland and Stewart, 1973.

Bennett, Jennifer, *Lilies of the Hearth. The Historical Relationship between Women and Plants*, Camden East (Ontario), Camden House, 1991.

Berger, Carl, *Science, God and Nature in Victorian Canada*, Toronto, University of Toronto Press, 1983.

Bettex, Albert, *The Discovery of Nature*, New York, Simon & Schuster, 1965.

Bloomfield, Valerie, *Resources for Canadian Studies in Britain with Some Reference to Europe*, 2ᵉ éd., Londres, British Association for Canadian Studies, 1983.

Blunt, Wilfrid, *The Art of Botanical Illustration*, 4ᵉ éd., Londres, Collins, 1971.

Buchanan, Handasyde, *Nature into Art. A Treasury of Great Natural History Books*, Londres, Weidenfeld, 1979.

Cahalane, Victor, H. (dir.), *The Imperial Collection of the Audubon Animals. The Quadrupeds of North America*, New York, Bonanza Books, 1967.

Chiapelli, Fredi, *First Images of America. The Impact of the New World in the Old*, Berkeley, University of California Press, 1976.

Clarke, Michael, *The Tempting Prospect. A Social History of English Watercolours*, Londres, British Museum Publications Limited, 1981.

Cody, William J., D.B.O. Saville et M.J. Sarazin, *Systematics in Agriculture Canada at Ottawa, 1886-1986*, Ottawa, Agriculture Canada, Historical Series, nᵒ 28, 1986.

Cohen, I. Bernard, *Album of Science. From Leonardo to Lavoisier, 1450-1800*, New York, Charles Scribners Sons, 1980.

Crosby, Alfred W., *Ecological Imperialism: The Biological Expansion of Europe, 900-1900*, Cambridge, Cambridge University Press, 1986.

Cummings, W.P. et coll., *The Exploration of North America, 1630-1776*, Toronto, McClelland and Stewart, 1975.

Dance, S. Peter, *The Art Of Natural History. Animal Illustrators and Their Work*, Woodstock (N.Y.), The Overlook Press, 1976.

Debus, Allen G., *Man and Nature in the Renaissance*, Cambridge, Cambridge University Press, 1978.

Dock, George Jr., *Audubon's Birds of America*, New York, Galahad Books, 1978.

Engstrand, Iris, *Spanish Scientists in the New World: The Eighteenth Century Expeditions*, Seattle, University of Washington Press, 1981.

Glaser, Lynn, *America on Paper. The First Hundred Years*, Philadelphie, Associated Antiquarians, 1989.

Glassie, Henry, *Folk Housing in Middle Virginia*, Knoxville, University of Tennessee Press, 1975.

Gombrich, E.H., *Art and Illusion. A Study in the Psychology of Pictorial Representation*, New York, Panthcon, 1960.

Goss, John, *The Mapping of North America*, Secaucus (N.J.), Wellfleet Press, 1990.

Harper, J. Russell, *Thomas Davies in Early Canada*, Ottawa, Oberon, 1972.

Henry, John Frazier, *Early Maritime Artists of the Pacific Northwest Coast, 1741-1841*, Vancouver, Douglas, 1984.

Hulton, P. D. et B. Quinn, *The American Drawings of John White, 1577-1590*, Londres, British Museum, 1964.

Inkster, Ian et Jack Morrell, *Science in British Culture, 1780-1845*, Londres, Hutchinson, 1983.

Ivashintsov, N.A., *Russian Round-the-World Voyages, 1803-1849*, Materials for the Study of Alaska History, nᵒ 14, Kingston, The Limestone Press, 1980.

Ivins, William M., *Prints and Visual Communication*, New York, Da Capo Press, 1969.

Jackson, C.E., *Bird Illustrators. Some Artists in Early Lithography*, Londres, H.F. & G. Witherby, 1975.

Kastner, Joseph, *A Species of Eternity*, New York, Alfred A. Knopf, 1977.

Knight, D.M., *Natural Science Books in English, 1600-1900*, Londres, B.T. Batsford, 1972.
Zoological Illustration, Folkestone (Angleterre), Dawson Archon Books, 1977.

Lemon, Donald P., *Theatre of History. Three Hundred Years of Maps of the Maritimes*, Saint John, New Brunswick Museum Publications, 1987.

Lloyd, Clare, *The Travelling Naturalists*, Londres, Croom Helm, 1985.

Lysaght, A.M., *The Book of Birds*, Londres, Phaidon Press, 1975.
Joseph Banks in Newfoundland & Labrador, 1766, His Diary, Manuscripts and Collections, Berkeley, University of California Press, 1971.

Manthorne, Katherine E., *Tropical Renaissance. North American Artists Exploring Latin America, 1839-1879*, Washington, Smithsonian Institution Press, 1989.

Mayor, Hyatt, *Prints and People, A Social History of Printed Pictures*, New York, The Metropolitan Museum of Art, 1971.

Merrill, Lynn L., *The Romance of Victorian Natural History*, New York, Oxford University Press, 1989.

Mules, Helen B., *Flowers in Books and Drawings, ca 940-1840*, New York, J. Pierpoint Morgan Library, 1980.

Norelli, Martina R., *American Wildlife Painting*, New York, Watson-Guptill Publications, 1975.

Novak, Barbara, *Nature and Culture: American Landscape and Painting, 1825-1875*, New York, Oxford University Press, 1980.

Pastoureau, Mireille, *Voies océanes de l'ancien au nouveau monde*, Paris, Éditions Hérvas, 1990.

Raven, C.E., *English Naturalists from Neckham to Ray. A Study of the Making of the Modern World*, Cambridge, Cambridge University Press, 1947.

Rix, Martyn, *The Art of the Botanist*, Guildford, Lutterworth Press, 1981.

Rudwick, Martin J.S., *The Meaning of Fossils. Episodes in the History of Palaeontology*, Londres, Macdonald, 1972.

Savage, Henry Jr. et E. Savage, *André and François André Michaux*, Charlottesville, University Press of Virginia, 1987.

Schlereth, T.J., *Cultural History and Material Culture. Everyday Life, Landscapes and Museums*, Ann Arbor (Mich.), UMI, 1989.

Sitwell, S., H. Buchanan et J. Fisher, *Fine Bird Books, 1700-1900*, Londres, 1953.

Skipwith, Peyton, *The Great Bird Illustrators and their Art, 1730-1930*, New York, A & W Publishers, 1979.

Smith, Bernard, *European Vision and the South Pacific*, 2^{e}éd., New Haven, Yale University Press, 1988.
The Art of Captain Cook's Voyages, Melbourne, Oxford University Press, 3 vol. in-quarto, 1985.

Staffleu, Frans A., *Linnaeus and the Linnaeans. The Spreading of their Ideas in Systematic Botany, 1735-1789*, Utrecht, Oostnoek's Uitgenersmaatschappi N.V., 1971.

Stafford, Barbara Maria, *Voyage into Substance: Art and Science and the Illustrated Travel Account, 1760-1840*, Cambridge (Mass.), MIT Press, 1984.

Stearn, William T., *Flower Artists of Kew. Botanical Paintings by Contemporary Artists*, Londres, The Herbert Press in association with the Royal Botanic Garden (Kew), 1990.

Taylor, Basil, *Animal Painting in England from Barlow to Landseer*, Harmondsworth, Penguin, 1955.

Thomas, Keith, *Man and the Natural World. Changing Attitudes in England 1500-1800*, Harmondsworth, Penguin, 1984.

Villanueva, Pabellòn, *La Botánica en la Expediciòn Malaspina*, Madrid, Colecciòn Encuentros, Turner, 1989.

Zeller, Suzanne, *Inventing Canada: Early Victorian Science and the Idea of a Transcontinental Nation*, Toronto, University of Toronto Press, 1989.

TEXTES D'ÉPOQUE

Back, George, *Narrative of the Arctic Land Expedition ... in the years 1833, 1834, and 1835...*, Londres, John Murray, 1836.

Bartram, William, *Observations on the Inhabitants, Climate, Soil, Rivers, Productions, Animals, and other matters worthy of notice...*, Londres, 1751.

Benson, Adolph B. (dir.), *Pehr Kalm's Travels in North America. The English version of 1770*, New York, Dover Publications, 1966.

Charlevoix, P.-F.-X. de, *Histoire et description générale de la Nouvelle France*, Paris, 1744.

Cornut, Iac. (Jacques Philippe), *Canadensium Plantarum...historia ...* , Paris, 1635 (réimpression 1966).

Edwards, George, *A Natural History of Uncommon Birds and Some Other Rare and Undescribed Animals, Quadruped, Reptiles, Fishes, Insects, etc.*, Londres, 1743.

Ellis, Henry, *A Voyage to Hudson's Bay by the Dobbs Galley and California ...* , Londres, 1748.

Hearne, Samuel, *A journey from Prince of Wales's Fort in Hudson's Bay to the Northern Ocean ... in the years 1769, 1770, 1771 & 1772*, Dublin, 1796.

Houston, C.S. (dir.), *To the Arctic by Canoe, 1819-1821. The Journal and Paintings of Robert Hood, Midshipman with Franklin*, Montréal, McGill-Queens, 1974.

Mozino, José Mariano, *Noticias de Nutka, An Account of Nootka Sound in 1792*, traduction d'Iris Wilson, Seattle, University of Washington Press, 1970.

Munk, Jens, *The Journal of Jens Munk, 1618-1620*, W.A.Kenyon (dir.), Toronto, Musée royal de l'Ontario, 1980.

Pennant, Thomas, *Introduction to the Arctic Zoology*, 2^{e}édition, Londres, 1792.

Pope, William, *Diary*, transcription, Metropolitan Toronto Reference Library.

Settle, Dionysus, *Last Voyage to the West and Northwest Regions*, Londres, 1577 (réimpression 1969).

Thornton's Temple of Flora, 1811-1813 (réimpression 1972).

Topsell, Edward, *History of Four-Footed Beasts and Serpents and Insects*, New York, Da Capo Press, 1967 (réimpression de l'édition de 1658).

ARTICLES

«Long Lost Sessé and Mociño Illustrations Acquired», *Bulletin of the Hunt Institute for Botanical Documentation*, vol. 3, n°1, printemps/été, 1981.

Dahl, Edward, «The Original Beaver Map - De Fer's 1698 Wall Map of America», *The Map Collector*, n°29, décembre 1984.

Ganong, W.F., «The Identity of Animals and Plants Mentioned by the Early Voyagers to Eastern Canada and Newfoundland», *Transactions of the Royal Society of Canada*, section II, 3e série, vol. III, 1910.

George, Wilma, «Sources and Background to Discoveries of New Animals in the Sixteenth and Seventeenth Centuries», *History of Science*, xviii, 1980.

Pringle, James S., «How 'Canadian' is Cornut's Canadensium Plantarum Historia? A phytogeographic and historical analysis», *Canadian Horticultural History*, vol. 1, n°4, 1988.

Rudwick, Martin J.S., «The Emergence of a Visual Language for Geological Science, 1760-1840», *History of Science*, xiv, 1976.

Sawyer, F.C., «A Short History of the Libraries and List of MSS. and Original Drawings in the British Museum (Natural History)», *Bulletin of the British Museum (Natural History), Historical Series*, vol. 4, n°2.

Vachon, Auguste, «Flora and Fauna. Louis Nicolas and the 'Codex canadiensis'», *The Archivist / L'Archiviste*, vol. 12, n°2, mars-avril 1985.

CATALOGUES

Art Gallery of Windsor, *William G.R. Hind: The Pictou Sketchbook/Le Carnet Pictou*, 1990.

Bibliothèque nationale du Canada, *Images de la Flore et de la Faune/Images of Flora and Fauna*, 1989.

Passages. Un écrin des explorations de l'Amérique du Nord/Passages. A Treasure Trove of North American Exploration, 1992.

Comision Quinto Centenario, *La Real Expedición Botánica á Nueva España*, 1987.

Musée des beaux-arts de Montréal, *Le peintre et le Nouveau Monde*, 1967.

Musée des beaux-arts du Canada, *Thomas Davies, c. 1737-1812*, 1972.

Musée du Québec, *Painting in Quebec, 1820-1850. Essays*, 1992.

Newfoundland Museum, *Treasures. 900 Years of the European Presence in Newfoundland and Labrador*, 1983.

Musée de la Nouvelle-ecosse, *Five Centuries of Botanical Illustration*, s.d.

Oregon Historical Society, *Soft Gold. The Fur Trade and Cultural Exchange on the Northwest Coast of America*, 1982.

Pierpoint Morgan Library, New York, *Flowers in Books and Drawings, ca 940-1850*, 1980.

Portland Art Museum, *Early Days in the Northwest*, 1959.

Vancouver World Expo, *To the Totem Shore, The Spanish Presence on the Northwest Coast*, 1986.

Vancouver Maritime Museum, *Enlightened Voyages, Malaspina and Galliano on the Northwest Coast, 1791-1792*, 1990.

Willistead Art Gallery of Windsor, *William G.R. Hind, A Confederation Painter in Canada*, 1967.

Winnipeg Art Gallery, *150 Years of Art in Manitoba. Struggle for a Visual Civilization*, 1970.